STUDENT ACTIVITIES MANUAL

Réseau

Communication, Intégration, Intersections

Seconde édition

Jean Marie Schultz

University of California, Santa Barbara

Marie-Paule Tranvouez

Wellesley College

PEARSON

Boston   Columbus   Indianapolis   New York   San Francisco   Upper Saddle River
Amsterdam   Cape Town   Dubai   London   Madrid   Milan   Munich   Paris   Montréal   Toronto
Delhi   Mexico City   São Paulo   Sydney   Hong Kong   Seoul   Singapore   Taipei   Tokyo

Editor in Chief: Bob Hemmer
Senior Acquisitions Editor: Denise Miller
World Language Assistant: Millie Chapman
Program Manager: Nancy Stevenson
Project Manager: Richard DeLorenzo
Art Director: Jayne Conte
Art Manager: Bruce Kenselaar
Senior Operating Specialist: Mary Fischer
Operations Specialist: Roy Pickering
Senior Digital Program Manager: Samantha Alducin
Media/Supplements Editor: Regina Rivera
Senior Vice President: Steve Debow
Composition/Full-Service Management: Revathi Viswanathan/PreMediaGlobal, Inc.
Cover Designer: Kathryn Foot
Cover Image: "La Grande Arche de La Defense Paris" © Paul Thompson Images / Alamy
Printer/Binder: LSC Communications

PEARSON

ISBN-10: 0-205-93347-5
ISBN-13: 978-0-205-93347-1

5 2019

Contents

Contenu

Nom: _____   Date: _____

Les relations familiales

Prononciation

01-01 Quelques mots. Écoutez et enregistrez les mots ou expressions suivantes. Attention à la prononciation du [i], du [y] et du [u].

[i]	[y]	[u]
1. une famille	6. juste	11. un couple
2. un fils	7. dispute	12. un époux
3. une fille	8. indulgent	13. la cour
4. un mari	9. nucléaire	14. l'amour
5. un enfant unique	10. puni	15. épouser

Vocabulaire

01-02 Choisissez la définition qui correspond à chaque mot.

_____ 1. la femme
_____ 2. le gosse
_____ 3. l'aîné
_____ 4. l'enfant unique
_____ 5. le mari

a. l'époux
b. le plus âgé
c. l'enfant
d. sans frère ni sœur
e. la conjointe

01-03 Le matin dans la famille de Julia. Écoutez ce passage et sélectionnez toutes les réponses qui correspondent à la question.

le père	prend sa douche
la mère	se brosse les dents
Marc	se lave les cheveux
Fabienne	se lave le visage
Violette	se maquille
la narratrice	se peigne
	se rase

1. Qui déteste se lever tôt ?

2. Qui se dépêche pour aller dans la salle de bains ?

3. Quels enfants se disputent parfois ?

4. Que fait Fabienne dans la salle de bains ? Elle _____.

5. Que fait Marc le matin ? Il _____.

01-04 Mariage et enfants. Donnez le mot ou la locution qui correspond à chaque définition.

l'aîné	le neveu	les arrière-grands-parents	un orphelin
le gosse	un enfant unique	divorcer (de quelqu'un)	être enceinte
flirter	élever des enfants	la famille nucléaire	se marier avec
le jumeau	le marié	une femme au foyer	se fiancer à

1. Une femme qui travaille à la maison : _____

2. Un enfant qui n'a pas de parents : _____

3. Devenir la femme ou le mari d'un(e) autre : _____

4. La famille traditionnelle : _____

5. Les parents des grands-parents : _____

6. Le fils d'un frère ou d'une sœur : _____

7. Attendre un bébé : _____

8. Mettre fin à un mariage : _____

9. Un terme familier pour un enfant : _____

10. Le plus âgé des enfants : _____

01-05 Qu'en pensez-vous ?

01-05A Jill et Sylvia, deux jeunes étudiantes américaines qui viennent d'arriver à Bordeaux, se promènent dans un jardin public. Écoutez leur conversation sur les familles qu'elles voient à Bordeaux et répondez aux questions.

A. Maintenant répondez aux questions que vous entendez en indiquant la réponse correcte :

1. 🔊

a) 🔊   b) 🔊   c) 🔊   d) 🔊

2.

a) 🔊   b) 🔊   c) 🔊   d) 🔊

3. 🔊

a) 🔊   b) 🔊   c) 🔊   d) 🔊

4. 🔊

a) 🔊   b) 🔊   c) 🔊   d) 🔊

5. 🔊

a) 🔊   b) 🔊   c) 🔊   d) 🔊

B. Répondez aux questions que vous entendez en choisissant **toutes** les réponses correctes.

5.
    a. dans le centre-ville   b. à Bordeaux
    c. au jardin public   d. à Paris

6.
    a. de leurs premières impressions de la ville   b. de leurs familles
    c. des enfants   d. des animaux domestiques

7.
    a. ses grands-parents   b. ses arrière-grands-parents
    c. ses parents   d. ses cousins

01-05B À vous de parler. Enregistrez vos réponses aux questions suivantes.

1. Est-ce que vous venez d'une grande famille ou d'une petite famille ?

2. Qui sont les membres de votre famille ?

3. Est-ce que vous préférez une grande ou une petite famille ? Pourquoi ?

4. Est-ce que vous préférez la famille de Jill ou celle de Sylvia ? Pourquoi ?

Nom: _____   Date: _____

01-06 La famille. Écoutez les déclarations suivantes et choisissez le mot qui correspond à la situation décrite.

1.
   a. mon grand-père   b. ma grand-mère

2.
   a. monoparentale   b. nucléaire

3.
   a. jumeaux   b. jumelles

4.
   a. divorce   b. mariage

5.
   a. poli   b. mal élevé

6.
   a. indulgents   b. sévères

7.
   a. s'entendent bien   b. se disputent

8.
   a. réprimande   b. complimente

9.
   a. gâtent   b. corrigent

10.
   a. puni   b. récompensé

01-07 La famille parfaite a-t-elle jamais existé ? Complétez le passage à l'aide des mots de la liste.

élever ses enfants.	fossé	strict	manque de communication
sacrifices	disputes	sage	s'entendre avec (quelqu'un)
soigner	bien élevé	respecter	compréhensif
exigeant	obéir à	désobéir à	injuste envers

On prétend que la famille moderne est moins unie que par rapport au passé. En réalité, il existe toujours un

(1) _____ entre les générations. Par exemple, dans cette lettre retrouvée par hasard,

envoyée à son cousin Georges, mon père décrit ses relations avec son propre père, mon grand-père.

© 2015 Pearson Education, Inc.

Cher Georges :

J'ai du mal à comprendre mon père. Il est très (2) _____ et ne supporte pas

que ses enfants lui (3) _____. Il fait des (4) _____

pour ses enfants, mais il veut qu'ils fassent tous le métier qu'il leur impose. Il est parfois très

(5) _____ ses enfants parce qu'il ne tient pas compte de leurs désirs et de leurs

talents individuels. Quand les enfants essayent d'exprimer leurs idées, mon père ne veut pas toujours écouter.

Ce (6) _____ mène à des (7) _____ parfois assez

sérieuses. Mon père travaille dur pour (8) _____ et ils doivent le

(9) _____ et faire ce qu'il veut. Après tout, c'est pour leur propre bien. Cependant,

si mon père était plus (10) _____, je crois que tous les membres de sa famille

auraient de meilleurs rapports avec lui.

Ton cousin, Philippe

01-08 Qu'en pensez-vous ?

01-08A Jill et Sylvia continuent leur discussion sur la famille. Écoutez leur conversation sur la façon dont on élève les enfants en France et aux États-Unis, et ensuite répondez aux questions.

A. Maintenant indiquez si les phrases suivantes sont vraies (Vrai) ou fausses (Faux) :

1. Vrai   Faux
2. Vrai   Faux
3. Vrai   Faux
4. Vrai   Faux

B. Répondez aux questions que vous entendez en choisissant toutes les réponses correctes.

5.

    a. de la façon dont les Français élèvent leurs enfants

    b. de la façon dont les Américains élèvent leurs enfants

    c. de l'importance de corriger les enfants

    d. de l'importance de laisser les enfants faire ce qu'ils veulent

6.

    a. qu'il est bon qu'un étranger gronde les enfants

    b. qu'il n'est pas bon qu'un étranger gronde les enfants

    c. qu'elle ne permettra jamais à un étranger de corriger ses enfants

    d. qu'elle permettra à un étranger de corriger ses enfants

7.

    a. qu'il est difficile d'élever les enfants

    b. qu'un étranger peut avoir un effet positif sur les enfants

    c. que les parents ne peuvent pas toujours faire attention à leurs enfants

    d. qu'un étranger peut avoir un effet négatif sur les enfants

01-08B À vous de parler. Enregistrez vos réponses aux questions suivantes.

1. Si un étranger essayait de discipliner vos enfants, quelle serait votre réaction ?

2. L'intervention d'un étranger peut-elle être utile ? Dans quelles circonstances ?

3. Imaginez que vous ayez des enfants. Comment allez-vous les élever ?

Le présent de l'indicatif

01-09 Les vacances en famille. Claire interroge Luc sur ses séjours dans la maison de vacances de ses grands-parents en Bretagne. Reconstituez et enregistrez les réponses de Luc. Utilisez la forme affirmative.

MODÈLE :   Vous entendez :   D'habitude, est-ce que tu vas en vacances en Bretagne ?

              Vous dites :   Oui, *je vais* en vacances en Bretagne.

1. _____

2. _____

3. _____

4. _____

5. _____

6. _____

7. _____

8. _____

9. _____

10. _____

01-10 Le matin. Choisissez la forme qui convient,

1. Tous les membres de ma famille [détestent, déteste] se réveiller tôt.

2. Mes sœurs, mon frère et moi, nous [doivent, devons] nous lever tôt.

3. Eux et moi, nous [voulons, veulent] prendre la salle de bains.

4. Parfois, Marc et Fabienne se [dispute, disputent].

5. Fabienne [veut, veux] prendre la salle de bains la première.

6. Elle [se lave, me lave] les cheveux tous les matins.

7. Marc, lui, [prend, prends] sa douche la veille.

8. Néanmoins, il [a, est] besoin de se laver le visage, de se brosser les dents et de se peigner.

9. Enfin, tout le monde [est, sont] prêt.

10. Alors, on [prenons prend] le petit-déjeuner.

11. Chacun [se sert, se sers] vite.

12. On mange et puis on [s'en va, s'en vont]

01-11 Rencontre entre mes grands-parents. Mettez les verbes entre parenthèses au présent de l'indicatif. Attention à l'accord entre le sujet et le verbe.

L'histoire d'amour de mes grands-parents (1) _____ (ne pas être)

extraordinaire, mais je la (2) _____ (trouver) très belle.

C'est pendant la Deuxième Guerre Mondiale et mon grand-père (3) _____

(se trouver) à Paris dans un bar avec quelques autres soldats de son régiment. Il (4)

_____ (voir) une jeune fille au bar et c'est tout de suite le

coup de foudre. Il (5) _____ (dire) à ses camarades que c'est la

femme qu'il (6) _____ (aller) épouser. Bien sûr, les autres (7)

_____ (rire). « Tu (8) _____ (ne pas savoir)

parler français et elle (9) _____ (ne pas connaître) un seul mot d'anglais.

Tu (10) _____ (être) complètement fou ! » Cependant, mon grand-père

(11) _____ (refuser) de les écouter et pendant qu'il est à Paris, il (12)

_____ (faire) la cour à cette belle jeune Française aimable. Petit à petit, ils (13)

_____ (apprendre) à se comprendre, et après deux semaines pendant lesquelles ils

(14) _____ (s'entendre) très bien, ils (15) _____

(se fiancer).

01-12 La vie conjugale de mes grands-parents. Mettez les verbes entre parenthèses au présent de l'indicatif. Attention à l'accord entre le sujet et le verbe.

La guerre est finie. Mes grands-parents (1) _____ (se marier) et (2)

_____ (venir) aux États-Unis pour fonder leur foyer. Après quelques années, ils (3)

_____ (avoir) deux enfants, ma mère et mon oncle Philippe. Mes grands-parents

(4) _____ (devoir) travailler dur et faire des sacrifices pour leurs deux enfants.

Mais, ils les (5) _____ (élever) bien. Comme mon oncle Philippe est assez rebelle,

mon grand-père (6) _____ (le gronder) de temps en temps. Néanmoins, ma mère

et son frère (7) _____ (être) plutôt sages, ils (8) _____

(désobéir) rarement, et alors mes grands-parents (9) _____ (ne pas les punir)

sévèrement. Mes grands-parents (10) ne _____ (vouloir) que le bien de leur famille.

01-13 Josette. Écoutez ces phrases et choisissez le sujet qui convient.

MODÈLE : Vous entendez : Elle frappe à la porte de ses parents.

Vous choisissez : a. Papa   b. *Josette*   c. Mémée et Grand-père

1.

   a. Papa   b. Maman   c. Les parents de Josette

2.

   a. Josette   b. Josette et maman   c. Papa

3.

   a. Josette   b. Mémée   c. Papa

4.

   a. Maman   b. Papa   c. Mémée

5.

   a. Maman et Mémée   b. Papa   c. Josette

6.

   a. Josette   b. Papa   c. Papa et maman

7.

   a. Papa et Josette   b. Josette   c. Maman et Mémée

8.

   a. Papa et maman   b. Mémée   c. Maman

Verbes pronominaux

01-14 Quel type d'action ? Indiquez si l'action indiquée par les images est pronominale réciproque, pronominale réfléchie, pronominale idiomatique, ou non-pronominale (transitive).

MODÈLE : <u>action pronominale réfléchie</u>   <u>action non-pronominale</u>

1. _____   2. _____

a) action pronominale réciproque

b) action pronominale réfléchie

c) action pronominale idiomatique

d) action non-pronominale

a) action pronominale réciproque

b) action pronominale réfléchie

c) action pronominale idiomatique

d) action non-pronominale

3. _____

a) action pronominale réciproque

b) action pronominale réfléchie

c) action pronominale idiomatique

d) action non-pronominale

01-15 Que font-ils ? Maintenant choisissez la phrase qui correspond à l'action représentée par les images.

1. _____   2. _____

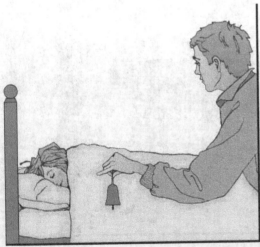   

a) Papa se réveille   a) Papa réveille Josette

b) Josette se réveille   b) Josette se réveille

c) Papa réveille Josette   c) Papa se réveille

d) Josette réveille Papa   d) Josette réveille Papa

3. _____

a) Josette pleure

b) Papa s'ennuie

c) Papa et Josette se promènent

d) Papa et Josette se parlent

01-16 Verbes pronominaux. Choisissez la forme du verbe, pronominal ou non-pronominal, qui convient.

Joseph, le petit frère de Josette (1) [réveille, se réveille] toujours très tôt le matin et court vers la chambre de sa sœur et il la (2) [réveille, se réveille]. « Josette » dit-il. (3) [« Lève ! », « Lève-toi ! »].

Josette est très fatiguée. Elle ne veut pas sortir du lit.

« Josette » dit Joseph. « Je suis déjà habillé. Tu dois (4) [habiller, t'habiller] aussi. Gaston veut aller dans le jardin et jouer avec nous. » (Gaston c'est leur chien.)

Alors, Josette (5) [lève, se lève], elle (6) [lave, se lave], (7) [peigne, se peigne] les cheveux, (8) [dépêche, se dépêche], et sort dans le jardin pour jouer avec Gaston et son frère. À la fin de la journée, Joseph, Josette, et Gaston sont très sales. Les enfants (9) [lavent, se lavent] Gaston et ensuite ils (10) [lavent, se lavent]. Quelle bonne journée !

Être en train de et venir de

01-17 Josette revient de l'école. Être en train de et Venir de. Choisissez l'expression qui convient.

Josette (1) [vient de, est en train de] rentrer de l'école et elle cherche tout de suite sa maman pour lui raconter sa journée.

« Maman » dit Josette. « Je (2) [viens d', suis en train d'] apprendre l'alphabet. Tu veux entendre ce que j'ai appris aujourd'hui. A, B, C, E, G… Zut ! J'oublie ! »

Maman dit, « Chérie, tu vois bien que je (3) [viens de, suis en train de] préparer le dîner. Je ne peux pas t'écouter maintenant. Attends l'arrivée de Papa. Écoute ! J'entends la porte. Je crois qu'il (4) [vient d', est en train d'] ouvrir la porte.

« Papa » dit Josette. « Je veux te réciter l'alphabet. Maman est trop occupée pour m'écouter. Elle (5) [vient de, est en train de] faire le dîner. »

01-18 Mon frère et ma sœur sont insupportables ! Complétez les phrases suivantes avec **être en train de** ou **venir de**. N'oubliez pas de conjuguer le verbe.

Mon frère et ma sœur (1) _____ se disputer. Évidemment, mon petit

frère (2) _____ prendre la poupée de ma sœur. Alors, maintenant, elle (3)

_____ pleurer. Heureusement que je (4) _____ de

terminer le roman que je lisais. J'ai souvent l'impression d' (5) _____ intervenir

dans leurs disputes !

Réflexion culturelle

01-19 Journal de réflexions personnelles. Selon l'article d'Asselin et de Mastron « Français-Américains, Ces différences qui nous rapprochent », la première responsabilité des parents français est d'apprendre à leurs enfants à vivre en société et à s'adapter au monde des adultes. Comment peut-on aider un enfant à s'insérer dans la société ?

_____

_____

_____

_____

Les expressions temporelles : Depuis, Il y a … que, Voici … que, Voilà … que, Cela (Ça) fait … que

01-20 Ma sœur. Choisissez la réponse qui convient.

1. Ma sœur vit au Québec _____ trois ans.

    a. il y a   b. depuis   c. pendant

2. _____ trois ans, on lui a fait une offre d'emploi qu'elle n'a pas pu refuser.

    a. Il y a   b. Depuis   c. Pendant

3. Ma sœur est ingénieur en informatique mais _____ elle a un MBA, elle est souvent contactée par des chasseurs de tête.

    a. depuis   b. depuis qu'   c. il y a…qu'

4. _____ quelques mois que je ne l'ai pas vue.

    a. Pendant   b. Depuis que   c. Cela fait

5. Heureusement, je vais être en vacances _____ deux semaines.

    a. pendant   b. depuis   c. il y a

6. Je vais aller à Montréal et je compte parler à ma sœur _____ des heures entières.

    a. il y a   b. depuis   c. pendant

01-21 Le lundi de Josette et son père. Choisissez la réponse qui convient.

1. Lundi matin à 7h. Josette frappe à la porte de la chambre de son père puis retourne dans son lit. À 7h05 Papa dort encore.

    a. Josette frappe à la porte depuis 5 minutes.

    b. Josette a frappé à la porte pendant cinq minutes.

    c. Josette a frappé à la porte de la chambre il y a 5 minutes.

2. Ce matin-là, maman est absente. Samedi, elle est allée se reposer à la campagne chez Mémée.

    a. Cela fait deux jours qu'elle est partie.

    b. Elle va partir pendant trois jours.

    c. Elle est chez Mémée depuis un jour.

3. Il est 7h. Papa doit se préparer. Il sera au bureau à 9h.

    a. Papa est au bureau depuis 9h.

    b. Papa va se préparer pendant deux heures.

    c. Papa s'est préparé il y a deux heures.

4. À 8h. Papa est dans la cuisine avec Josette. Il est prêt et est sorti de la salle de bains à 7h30.

    a. Papa est prêt depuis une heure.

    b. Cela fait une demi-heure que papa est prêt.

    c. Papa reste dans la cuisine pendant une heure.

5. Pendant sa toilette qui a duré 30 minutes, Papa a fait un jeu avec Josette.

    a. Papa a joué avec Josette il y a une demi-heure.

    b. Papa joue avec Josette depuis une demi-heure.

    c. Papa a joué avec Josette pendant une demi-heure.

01-22 Armelle va se fiancer. Armelle vient annoncer à sa grand-mère qu'elle va se fiancer avec Adrien. Sa grand-mère est curieuse et lui pose de nombreuses questions. Que lui dit Armelle ? Enregistrez sa réponse.

> Vous entendez : Quand as-tu rencontré Adrien pour la première fois ?
> Vous voyez : 5 ans
> Vous dites : *J'ai rencontré Adrien pour la première fois il y a cinq ans.*

1. trois ans _____

2. un mois _____

3. 2010 _____

4. six ans _____

5. deux ans _____

6. oui, _____, depuis que _____

7. six mois _____

8. trois ans _____

9. début 2011 _____

10. un an _____

01-23 La vie de Marie. Complétez les phrases en choisissant l'expression de temps qui convient.

1. Marie a divorcé de son premier mari [il y a, pendant] cinq ans.

2. [Depuis, Voici] son divorce, elle profite de son temps libre pour suivre des cours à l'université.

3. [Pendant, Cela fait] déjà deux ans qu'elle apprend le français.

4. [Depuis, Voilà] qu'elle étudie le français, elle meurt d'envie d'aller en France.

5. L'été dernier, Marie a enfin fait des études dans une université française [pendant, depuis] six semaines.

01-24 Hélène découvre la famille française. Complétez avec **depuis, depuis … que, il y a, il y a … que, voilà … que, voici … que, ou pendant**, selon le cas.

(1) _____ dix mois qu'Hélène vit en France. (2) _____

son arrivée, ses idées sur l'éducation des enfants ont beaucoup changé. (3) _____

longtemps, elle a pensé que les Américains élevaient bien leurs enfants parce qu'ils respectent l'individualité de

chaque enfant et essaient de ne pas limiter sa créativité. Cependant, en France, Hélène a l'occasion de vivre dans une famille française (4) _____ de nombreux mois. Le père et la mère grondent leurs enfants souvent mais pour mieux les élever. Hélène trouve les enfants plus disciplinés par rapport aux enfants américains qu'elle connaît. Alors, (5) _____ elle vit en France, l'attitude d'Hélène envers le style parental des Français et des Américains a évolué.

01-25 Josette déteste aller au lit ! Complétez les phrases en choisissant la suite dans la colonne de droite. Faites attention à la logique de la phrase.

Chaque soir, chez Josette, c'est la même histoire.

1. Josette déteste se coucher tôt _____

2. Chaque soir, au moment d'aller au lit, Josette se dispute avec ses parents _____

3. Mais tout doit changer _____

4. Josette a commencé à aller à l'école _____

5. Elle ne peut plus rester au lit _____

6. Elle ne veut pas se lever, ses parents ne vont pas accepter cela _____

a. il y a un mois.

b. jusqu'à 10h du matin.

c. depuis qu'elle est toute petite.

d. pendant une heure.

e. pendant longtemps.

f. maintenant.

Depuis combien de temps, pendant combien de temps ou depuis quand

01-26 Mes parents. Écrivez la question qui correspond aux réponses données en utilisant « depuis combien de temps » « pendant combien de temps » ou « depuis quand ».

1. Mes parents sont mariés depuis plus de vingt ans.

   _____ tes parents sont-ils mariés ?

2. Ils se connaissent depuis 1975.

   _____ se connaissent-ils ?

3. Ils ont vécu ensemble pendant cinq ans avant d'avoir des enfants.

   _____ ont-ils vécu ensemble avant d'avoir des enfants ?

4. Ils suivent des cours de danse depuis deux ans.

   _____ suivent-ils des cours de danse ?

5. Ils partent souvent en croisière depuis que mon frère et moi avons quitté la maison.

   _____ partent-ils en croisière ?

01-27 Enregistre tes réponses aux questions suivantes.

1. Où habitent tes grands-parents ? Depuis combien de temps ?

2. Il y a combien de temps que tu ne les as pas vus ?

3. Quel sport préfère ton père ? Cela fait combien de temps qu'il s'intéresse à ce sport ?

4. Ta mère fait-elle du sport ? Quel sport ? Depuis combien de temps fait-elle ce sport ?

5. Quelle musique préfères-tu ? Chaque jour, pendant combien de temps écoutes-tu de la musique ?

6. Quel parti politique préfèrent tes parents ? Depuis quand ?

Réflexion littéraire

01-28 Journal de réflexions sur le texte littéraire. Quelles sont vos premières réactions au conte de Ionesco ? Connaissez-vous des enfants comme Josette ? Si oui, décrivez-les !

_____

_____

_____

_____

_____

L'impératif

01-29 Conseils à une jeune maman. Une maman compétente fait des suggestions à une jeune maman. Reconstituez ses conseils en utilisant l'impératif. Utilisez le verbe de la première phrase dans votre réponse.

MODÈLE :   Vous entendez :   Mon fils ne se couche jamais tôt.

_____ ton fils à des heures régulières

Vous écrivez :   *Couche* ton fils à des heures régulières.

Vous entendez :   Mon mari et moi ne dormons pas assez.

Vous écrivez :   *Dormez* plus !

1. _____ une baby-sitter de temps en temps.

2. _____ des amis qui ont des enfants.

3. _____ -lui des histoires.

4. _____ dans la journée.

5. _____ -lui des carottes et des compotes.

6. _____ une femme de ménage.

7. _____ à la mer.

8. _____ le week-end.

9. _____ une école Montessori.

10. _____ plus patiente !

01-30 L'impératif. La colonie. Donnez des conseils à votre petit frère qui va en **colonie de vacances** (*summer camp*). Reliez le conseil à la situation. Qu'est-ce que je vais faire si :

_____ 1. Je n'ai pas assez d'argent avec moi.

_____ 2. Je n'aime pas la nourriture de la colonie.

_____ 3. Mon copain ne veut plus jouer avec moi.

_____ 4. Je n'arrive pas à dormir.

_____ 5. Les moniteurs ne sont pas sympas.

_____ 6. Les jeux ne me plaisent pas.

_____ 7. Je me sens un peu seul.

_____ 8. Je m'ennuie.

a. Choisis un autre copain.

b. Fais plus de sport d'équipe.

c. Participe à plus de jeux.

d. Mange des fruits et de la salade.

e. Écris à papa pour lui demander de l'argent.

f. Sois patient; tu vas t'habituer à eux.

g. Compte des moutons°.   *sheep*

h. Aie confiance. Les activités de la colonie sont très variées.

01-31 On éduque ses enfants. Choisissez la forme du verbe qui convient.

1. Un père aux enfants : [mange, mangeons] des légumes, c'est bon pour la santé !

2. Une mère à sa fille : [tiens, tient]-toi bien à table !

3. Un père à ses fils : [apprenons, apprenez] vos leçons !

4. Une mère à son fils : [sois, soyez] sage en classe !

5. Un père à sa fille et à son fils : [attends ton tour, attendez votre tour].

6. Une mère à sa fille : [ne va pas, ne vas pas] dans l'eau.

7. Des parents à leurs enfants : [vouliez, veuillez] vous lever immédiatement.

8. Des parents à leur enfant : [ne regarde pas, ne regardes pas] cette émission !

01-32 Les parents et les enfants. Faites des impératifs selon le modèle.

MODÈLE :   Une mère dit à ses enfants de manger leurs haricots verts.

Mangez vos haricots !

1. Vous dites à votre sœur de ranger sa chambre.

_____ ta chambre !

2. Votre père vous dit d'attendre une minute.

_____ une minute !

3. Une mère dit à ses enfants de choisir avec elle le film qu'ils vont regarder.

_____ ensemble le film que vous allez regarder !

4. Des parents ordonnent à leurs enfants de savoir se tenir à table.

_____ vous tenir à table !

5. Un père propose à toute la famille d'aller au nouveau restaurant chinois.

_____ tous au nouveau restaurant chinois !

6. Votre grand-mère vous dit de ne pas être en retard.

_____ en retard !

7. Votre mère dit à votre petit frère d'avoir de la patience.

_____ de la patience !

8. Votre père vous dit de vous réveiller tôt le lendemain.

_____ tôt demain matin !

9. Votre grand-père dit à tous ses petits enfants de ne pas s'endormir devant la télévision.

_____ devant la télévision !

10. Vos parents vous disent de finir vos devoirs.

_____ tes devoirs !

01-33 Ma famille. Vous présentez votre famille à toute la classe. Enregistrez ce que vous dites.

01-34 Qu'est-ce qui se passe pendant l'anniversaire de Josette ? Vous allez écouter cette histoire en entier. Ensuite, vous allez entendre des questions. Choisissez toutes les réponses correctes.

1.

    a. Papa   b. Maman   c. Grand-mère   d. Grand-père

2.

    a. Papa   b. Maman   c. Grand-père   d. Ses amis

3.

    a. Elle fait un gâteau.   b. Elle achète un gâteau.   c. Elle prend les verres.   d. Elle prend les couverts.

4.

    a. une balle   b. un ballon   c. un animal en peluche   d. une poupée

01-35 Dictée. L'anniversaire de Josette. Vous allez écouter cette histoire en entier. Puis chaque phrase sera relue et vous la retranscrirez.

_____

_____

_____

_____

_____

_____

_____

Nom: _____   Date: _____

01-36 Mots croisés. Complétez avec les mots qui conviennent.

Horizontalement

3. présent de l'indicatif de *sortir* (tu)

4. enfant sans parents

5. impératif d'avoir (tu)

Verticalement

1. contraire de *mal élevé*

2. durant

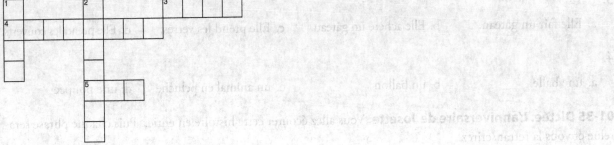

2 Masculin/féminin : rôles

Prononciation

 02-01 Quelques mots. Écoutez et enregistrez les mots ou expressions suivantes. Attention à la prononciation du [ə], du [e] et du [ɛ].

[ə]	[e]	[ɛ]
1. un avortement	6. l'amitié	11. fidèle
2. la lune de miel	7. le fiancé	12. une crèche
3. la pelouse	8. la liberté	13. une carrière
4. une petite amie	9. l'égalité	14. une bouchère
5. heureux	10. libéré	15. un élève

Vocabulaire

02-02 Vivre ensemble. Donnez le mot qui correspond à chaque définition.

faire la lessive	s'entendre bien avec	sortir avec	un petit ami
faire la vaisselle	se marier avec	s'occuper des enfants	
tondre la pelouse	la lune de miel	la limitation des naissances	

1. laver les assiettes, les verres, le couvert : _____

2. laver le linge : _____

3. avoir un rendez-vous avec un ami : _____

4. les vacances des nouveaux-mariés : _____

5. un amoureux : _____

6. avoir de bons rapports avec quelqu'un : _____

7. épouser quelqu'un : _____

8. contrôle du nombre d'enfants qui sont nés : _____

9. couper l'herbe : _____

10. faire attention aux enfants : _____

02-03 Vie de couple. Écoutez les phrases suivantes et choisissez le mot qui correspond à la situation décrite.

1. a) jaloux   b) amoureux   c) exigeant

2. a) trompe   b) embrasse   c) sort

3. a) s'entend bien   b) se marie avec   c) est amoureuse

4. a) cherche un emploi b) poursuit une carrière c) trouve un emploi

5. a) fait les courses b) fait du jardinage   c) fait le marché

6. a) fait la lessive   b) fait le ménage   c) passe l'aspirateur

7. a) élève ses enfants b) refuse les rôles traditionnels c) enseigne à des enfants

8. a) se fiance   b) se marie   c) divorce

9. a) fidèle   b) séduisant   c) infidèle

10. a) la discrimination b) le machisme   c) l'égalité

02-04 Qu'en pensez-vous ?

02-04A Deux étudiants, Paul et Daniel, viennent de sortir de leur cours de sociologie sur la sexualité humaine. Écoutez leur conversation.

A. Maintenant, indiquez la réponse correcte aux questions que vous entendez. :

1. 🔊

a) 🔊   b) 🔊   c) 🔊   d) 🔊

2. 🔊

a) 🔊   b) 🔊   c) 🔊   d) 🔊

3. 🔊

a) 🔊   b) 🔊   c) 🔊   d) 🔊

4. 🔊

a) 🔊   b) 🔊   c) 🔊   d) 🔊

5. 🔊

a) 🔊   b) 🔊   c) 🔊   d) 🔊

B. Répondez aux questions que vous entendez en choisissant **toutes** les réponses correctes.

1. a. la biologie   b. l'identification sexuelle   c. les vêtements   d. la culture

2. a. Elle travaille.   b. Elle fait la cuisine.   c. Elle tond la pelouse.   d. Elle fait le ménage.

3. a. Il fait le ménage.   b. Il fait du jardinage.   c. Il tond la pelouse.   d. Il travaille.

4. a. la cuisine   b. le ménage   c. l'éducation des enfants   d. le bricolage

5. a. le jardinage   b. les réparations   c. le bricolage   d. les sports

02-04B À vous de parler. Enregistrez vos réponses aux questions suivantes.

1. Que savez-vous sur la constitution de l'identité sexuelle ? Est-ce principalement une question de culture ? De biologie ? D'expérience individuelle ? Y a-t-il d'autres facteurs dont Paul et Daniel ne parlent pas ?

2. Et dans votre famille ? Est-ce que vos parents, sœurs, et frères partagent les tâches selon des stéréotypes sexuels ?

02-05 Avoir une carrière et une famille n'est pas toujours facile. Complétez le passage à l'aide d'un des mots de la liste. N'oubliez pas de conjuguer les verbes, si nécessaire.

à travail égal	le harcèlement sexuel	l'emploi
travailler à plein temps	crèche	être dans la vie active
réussir	s'épanouir	travailler à mi-temps

Quand une femme a de jeunes enfants, elle préfère souvent (1) _____, surtout

le matin quand les enfants sont à l'école. Si les enfants sont trop jeunes et si la famille n'a pas de parents qui

habitent près de chez eux, une (2) _____ est essentielle. Surtout pour les femmes

qui décident de ne pas travailler pendant que leurs enfants sont jeunes, (3) _____

après plusieurs années à la maison peut poser des problèmes. Alors, souvent, les femmes qui

(4) _____ professionnellement n'ont pas de famille ou ont beaucoup d'aide à la

maison. Comme le métier d'une personne souvent la valorise, il est important de trouver des moyens pour

aider tout le monde à (5) _____ dans son travail.

02-06 Qu'en pensez-vous ?

02-06A Plus tard dans la journée, Paul et Daniel se retrouvent au café. Écoutez leur conversation.

A. Indiquez si les phrases suivantes sont vraies (Vrai) ou fausses (Faux).

1. Vrai   Faux
2. Vrai   Faux
3. Vrai   Faux
4. Vrai   Faux
5. Vrai   Faux

B. Répondez aux questions que vous entendez en choisissant **toutes** les réponses correctes.

6. a. Elle a étudié.

   b. Elle est devenue médecin.

   c. Elle a obtenu son doctorat en médecine.

   d. Elle a élevé Paul toute seule.

7. a. Elle fait des recherches dans un laboratoire.

   b. Elle est la directrice de l'hôpital.

   c. Elle réussit professionnellement.

   d. Elle travaille avec les enfants malades.

8. a. Il prenait beaucoup de leçons.

 b. Il allait à une crèche.

 c. Il s'amusait.

 d. Il passait ses week-ends avec sa mère.

02-06B À vous de parler. Enregistrez vos réponses aux questions suivantes.

1. Discutez de votre réaction à la conversation de Paul et Daniel. Est-ce qu'une femme peut réussir professionnellement et bien élever ses enfants ? Quels sont les obstacles auxquels une femme doit faire face si elle veut une carrière et une famille ?

2. Est-ce que vos deux parents travaillent ? Quels sacrifices font-ils pour être dans la vie active et avoir une famille ?

3. Et vous ? Voulez-vous travailler et avoir une famille ? Comment imaginez-vous équilibrer votre vie professionnelle et personnelle ?

Le genre des noms

02-07 Au travail. Voici une liste de mots. Choisissez l'article qui convient.

1. métier

 a. un   b. une

2. carrière

 a. un   b. une

3. réussite

 a. le   b. la

4. travail

 a. un   b. une

5. stéréotype

 a. un   b. une

6. harcèlement

 a. l'   b. le

7. microscope

 a. un   b. une

8. capitalisme

 a. le   b. la

9. connaissance

   a. le   b. la

10. comité

   a. une   b. un

11. bureau

   a. un   b. une

12. éducation

   a. un   b. une

02-08 Masculin ou féminin. Indiquez si les mots suivants sont masculins **(M)** ou féminins **(F).**

MODÈLES :   âge : *M*   marmelade : *F*

1. liberté : _____

2. plage : _____

3. indépendance : _____

4. socialisme : _____

5. printemps : _____

6. microphone : _____

7. or : _____

8. salade : _____

9. bureau : _____

10. eau : _____

02-09 Yin et Yang. Pour chaque mot indiquez son équivalent masculin ou féminin.

_____ 1. un héros

_____ 2. une reine

_____ 3. un neveu

_____ 4. une gardienne

_____ 5. un lion

_____ 6. une marraine

_____ 7. un dieu

_____ 8. une tante

_____ 9. un instituteur

_____ 10. une femme

a. un parrain

b. un homme

c. une institutrice

d. une déesse

e. un gardien

f. une héroïne

g. un roi

h. un oncle

i. une nièce

j. une lionne

Formation du féminin

02-10 Féminin. Écrivez le féminin des mots que vous entendez.

1. _____   6. _____

2. _____   7. _____

3. _____   8. _____

4. _____   9. _____

5. _____   10. _____

02-11 On choisit une profession. Choisissez le mot qui convient.

1. Marie-Cécile est [boulanger, boulangère] dans un petit village.

2. Sébastien est [gardien, gardienne] pour l'équipe de foot de Versailles.

3. Jacqueline veut devenir [médecin, médecine].

4. Les joueurs de foot professionnels sont des [champions, championnes].

5. Claudine est [pharmacien, pharmacienne].

6. Qui est [directeur, directrice] de l'opéra ? Juliette, n'est-ce pas ?

7. Dominique est [chanteur, chanteuse]. Elle a été découverte dans une compétition télévisée.

8. Notre [patron, patronne] est très aimable. Elle sourit tout le temps.

02-12 Quelle profession ? Choisissez la profession qui convient.

1. Elle garde ses blancs moutons
   a. La bergère   b. La bouchère   c. La danseuse

2. Elle joue le rôle de Carmen dans l'opéra de Bizet
   a. La danseuse   b. La chanteuse   c. L'actrice

3. Elle dirige l'école Saint-Exupéry
   a. La lycéenne   b. La directrice   c. L'actrice

4. Elle est pilote de chasse dans l'armée
   a. La colonelle   b. L'ingénieure   c. La ministre

5. Elle prépare le pain de bonne heure le matin

    a. La charcutière   b. La gardienne   c. La boulangère

6. Elle a gagné la course aux Jeux Olympiques

    a. La lycéenne   b. La championne   c. La gardienne

7. Elle enseigne le français aux jeunes enfants

    a. La directrice   b. L'actrice   c. L'institutrice

8. Elle rend la justice au tribunal administratif

    a. La juge   b. La ministre   c. La députée

02-13 Professions. Donnez le féminin des mots **en gras.** N'oubliez pas de faire tous les accords nécessaires.

MODÈLE :   **Mon frère** a **un enfant.**   *Ma sœur* a *une enfant.*

1. **Le jeune avocat** exerce un métier intéressant.

    _____ exerce un métier intéressant.

2. **Mon oncle** préfère consulter **un médecin.**

    _____ préfère consulter _____.

3. Ces deux **instituteurs** sont des **jumeaux.**

    Ces deux _____ sont des _____.

4. **Le jeune veuf** est devenu **le directeur** de l'entreprise.

    _____ est devenue _____ de l'entreprise.

5. Mes deux **neveux** sont des **employés sérieux.**

    Mes deux _____ sont des _____.

6. **Ce chanteur** a une très belle voix.

    _____ a une très belle voix.

7. **Le champion** de l'équipe est tout de même très modeste.

    _____ de l'équipe est tout de même très modeste.

Le pluriel des noms

02-14 Au bureau. Choisissez la réponse qui convient.

1. Nos _____ sont au dixième étage.

   a. bureau   b. bureaux

2. Ils sont dans des _____ spacieux.

   a. locales   b. locaux

3. Nos chefs sont responsables et dirigent bien le _____ de tous les employés.

   a. travail   b. travaux

4. Mes collègues, Caroline et Marc sont très _____.

   a. amicales   b. amicaux

5. Nous travaillons ensemble sur les _____ difficiles.

   a. cas   b. cases

6. Nous nous partageons toujours les articles de _____ utiles.

   a. journal   b. journaux

7. Si on doit présenter des _____, on les prépare ensemble.

   a. tableau   b. tableaux

8. Nous faisons toujours attention aux _____.

   a. détail   b. détails

02-15 Fragments de conversation. Mettez les mots entre parenthèses au pluriel.

1. (détail) Les _____ de ce cas sont très compliqués.

2. (étudiant, travail pratique) En général, les _____ n'aiment pas faire les
   _____, mais ils savent que c'est nécessaire.

3. (bijou) Ce bijoutier vend des _____ extraordinaires.

4. (monsieur, madame) _____ et _____, je vous
   souhaite la bienvenue !

5. (œil) Mon patron a les _____ bleus.

6. (bureau) Les _____ des cadres de ces entreprises sont tous très somptueux.

7. (canal) La plupart des _____ de Venise sont navigables.

8. (prix) Les _____ de ce magasin sont toujours bas.

Réflexion culturelle

02-16 Programme scolaire. Écoutez ce passage et, pour chaque question, choisissez les réponses qui conviennent.

1. Que vont étudier les élèves de lycée ?

   a. l'influence de la société sur les femmes

   b. le féminisme et le genre

   c. les distinctions entre genre et orientation sexuelle

   d. l'influence de la société sur l'identité sexuelle

2. Qui est inquiet ?

   a. Catholiques

   b. Protestants

   c. Psychanalystes

   d. Mamans

3. Qui a des doutes sur cette théorie ?

   a. Catherine

   b. Dominique

   c. Émilienne

   d. Philippe

4. Qui veut établir un dialogue avec ses élèves?

   a. Catherine

   b. Dominique

   c. Émilienne

   d. Philippe

02-17 Journal de réflexions personnelles. Répondez à une des questions suivantes.

1. Quelle est votre première réaction au texte « "Théorie du genre" au lycée, la crainte de dérives » ?

2. À votre avis est-ce qu'on devrait enseigner la théorie du genre au lycée ? Est-ce un sujet de recherche et d'études ou est-ce un sujet personnel ?

_____

_____

_____

_____

_____

_____

L'article défini, indéfini et partitif

02-18 Le déjeuner de Simone. Pour chaque paire de phrases choisissez la description qui convient le mieux à l'image.

1.

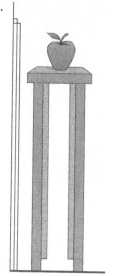

Simone mange toujours _____ à midi ...

a) la pomme

b) une pomme

c) des pommes

d) les pommes

2.

... parce qu'elle préfère _____ à tous les autres fruits.

a) la pomme

b) une pomme

c) des pommes

d) les pommes

3.

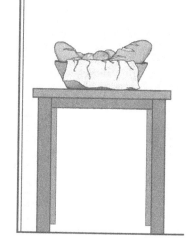

Comme beaucoup de Français, elle prend _____ avec son repas...

a) le pain

b) du pain

c) des pains

d) les pains

4.

… parce que _____ est bon pour la santé.

a) le pain

b) du pain

c) des pains

d) les pains

5.

Simone adore _____ …

a) la viande

b) de la viande

c) des viandes

d) les viandes

6.

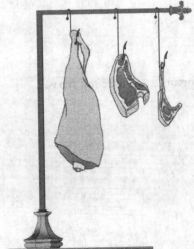

… donc elle mange souvent _____ au déjeuner.

a) la viande

b) de la viande

c) des viandes

d) les viandes

02-19 Mon chef mange pendant qu'elle travaille. Choisissez l'article qui convient.

Mon chef travaille énormément et prend son déjeuner devant son ordinateur. En général, elle mange (1) [un/le] sandwich au fromage parce que c'est ce qu'il y a de plus facile. Elle adore (2) [des/les] fruits, et alors elle mange aussi (3) [de la/une] banane ou (4) [des/les] raisins. Elle aime beaucoup (5) [du/le] café et elle boit souvent (6) [du/le] café à la fin de son repas.

02-20 Mariette. Sélectionnez l'article qui convient ou uniquement la préposition **de**.

1. Mariette veut réussir. Elle a beaucoup [de la, de] patience.

2. Elle travaille dans [le, un] bureau calme …

3. … parce que, quand il y a [le, du] bruit, elle ne peut pas se concentrer.

4. Dans la journée, elle a peu [du, de] temps.

5. Elle fait [de la, de] recherche pour un économiste.

6. Souvent, elle écrit [du, un] résumé de ce qu'elle a lu.

7. Elle n'incorpore pas [des, d'] articles entiers dans ses présentations.

8. Elle gagne bien sa vie et a [l', de l'] argent.

 02-21 Mon chef est une femme. Écoutez le début de phrase et choisissez la réponse qui convient.

1.
    a. du travail   b. de travail

2.
    a. de patience   b. de la patience

3.
    a. des bonnes relations   b. de bonnes relations

4.
    a. du talent   b. le talent

5.
    a. à les employés   b. aux employés

6.

   a. de temps   b. du temps

7.

   a. la salade   b. de la salade

8.

   a. de l'eau gazeuse   b. l'eau gazeuse

9.

   a. de vin   b. du vin

10.

   a. un thé   b. le thé

11.

   a. du café   b. le café

12.

   a. des réunions   b. de réunions

02-22 Conversation entre deux élèves. Marcel et Lucile ne voient pas leur professeur, Mme Bertrand, de la même façon. Lucile dit le contraire de Marcel. Complétez les réponses de Lucile en employant le partitif.

MODÈLE :   Vous entendez : Elle n'a pas d'autorité !

               Vous écrivez : Mais si, elle a *de l'autorité*.

1. Mais si, elle a _____.

2. Mais si, elle nous donne _____.

3. Mais non, elle ne fait pas _____ tout le temps.

4. Mais si, elle a _____.

5. Mais non, elle n'a pas _____.

6. Elle n'affiche pas _____.

7. Mais si, elle a _____.

8. Mais non, elle ne donne pas _____ à faire le week-end.

02-23 L'importance du petit déjeuner. Choisissez l'article qui convient.

> un   une   le   la   l'   les   de   du   de l'   de la   des

Avant d'aller à l'école, les enfants doivent prendre (1) _____ bon petit déjeuner.

Un enfant français typique boit (2) _____ jus d'orange et mange

souvent (3) _____ pain grillé avec (4) _____

confiture ou (5) _____ croissant. Les jeunes enfants ne boivent pas

(6) _____ café. Ils préfèrent (7) _____ chocolat chaud.

En fait, ils boivent souvent beaucoup (8) _____ chocolat chaud.

02-24 Jérôme et Sylvie. Complétez avec l'article défini, indéfini ou partitif, selon le cas. Faites attention à la négation du partitif et aux contractions et liaisons.

« Les Choses » de l'auteur Georges Perec (1936–1982) est (1) _____ histoire

d'un jeune couple, Jérôme et Sylvie, qui essaie de trouver (2) _____ bonheur en

accumulant (3) _____ choses. (4) _____ deux jeunes

gens sont de familles modestes. (5) _____ mère de Sylvie était secrétaire,

et celle de Jérôme était coiffeuse. À cause de leur situation économique familiale, Jérôme et Sylvie

détestent (6) _____ pauvreté. À Paris, tous deux cherchent

(7) _____ emploi dans (8) _____ publicité,

une carrière qui leur permet de créer (9) _____ rêves pour

(10) _____ autres et de gagner leur vie.

02-25 Jérôme et Sylvie ne sont jamais satisfaits. Complétez avec l'article défini, indéfini ou partitif, selon le cas. Faites attention à la négation du partitif et aux contractions et liaisons.

D'abord, Jérôme et Sylvie trouvent (1) _____ vieil appartement dans un beau

quartier modeste de Paris où ils sont contents. Cependant, (2) _____ vide°

de (3) _____ appartement les opprime. Après tout, ils veulent

(4) _____ beauté dans leur vie quotidienne. Ils achètent alors

(5) _____ lit, (6) _____ table et

(7) _____ rideaux° entre autres choses. Pour se donner l'impression d'être

riches, Jérôme et Sylvie passent leur temps libre à chercher (8) _____ objets

rares. Malheureusement, les deux jeunes gens ne sont jamais heureux parce qu'il n'y a pas

(9) _____ objets suffisants pour satisfaire à leurs désirs. Ils décident alors

d'aller en Tunisie pour refaire leur vie, mais c'est (10) _____ échec total.

Jérôme ne trouve pas (11) _____ emploi et ils doivent vivre sur le salaire

de Sylvie, qui n'est pas suffisant pour leur permettre d'acheter tout ce qu'ils veulent. Finalement, Jérôme et

Sylvie retournent à Paris, mais à (12) _____ fin du roman, ils quittent la ville de

nouveau pour aller à la campagne. Est-ce qu'ils vont jamais trouver le bonheur ? Ce n'est pas évident.

° *emptiness*

° *curtains*

Réflexion littéraire

02-26 Journal de réflexions sur le texte littéraire. Quelles sont vos premières réactions à l'extrait du *Deuxième Sexe* de Simone de Beauvoir ? Ses idées sont-elles encore valides aujourd'hui ou est-ce que nous avons résolu les problèmes de l'inégalité entre les sexes ?

_____

_____

_____

_____

_____

_____

Les adverbes de quantité

 02-27 Le manager idéal. Vous allez entendre un ensemble de déclarations sur les qualités d'un bon manager. Vous allez insister sur ses qualités en employant un adverbe de quantité.

MODÈLE :   Vous entendez :   Il lui faut du talent.

beaucoup de

Vous écrivez :   Il lui faut *beaucoup de talent.*

1. Il lui faut _____.

2. Il doit donner _____ aux nouveaux.

3. Il a besoin de _____.

4. Son équipe doit avoir _____.

5. Il prend _____.

6. Il a besoin d' _____.

Les adverbes de quantité et les expressions idiomatiques
avoir besoin de, avoir envie de, manquer de, se passer de

02-28 La fête. Chaque année mon chef organise une grande fête pour nous remercier du travail que nous faisons. Elle doit acheter beaucoup de choses. Indiquez quelle quantité elle achète pour notre fête de fin d'année. Il y a une douzaine d'employés dans notre groupe. Indiquez chaque quantité une seule fois.

_____ 1. de la viande   a. beaucoup

_____ 2. du vin   b. trois grands saladiers

_____ 3. du fromage   c. deux kilos

_____ 4. de la romaine   d. quatre baguettes

_____ 5. du pain   e. cinq bouteilles

02-29 Quelle est la bonne expression ? Choisissez l'expression qui convient.

Si vous (1) [vous passez/avez besoin] de travail, essayez de contacter tous vos amis et dites-leur de quel type de travail vous (2) [avez envie/manquez]. Vos amis vont peut-être connaître quelqu'un qui (3) [manque/se passe] de personnel et qui (4) [a besoin/a envie] d'embaucher une personne qu'un de ses autres employés connaît. De toute façon il ne faut ni se décourager ni (5) [se passer/manquer] du soutien de ses amis.

02-30 En classe. Choisissez l'expression qui correspond au sens de la phrase.

1. Claire fait une série scientifique. Elle _____ devenir médecin.

   a. a besoin de
   b. a envie de
   c. manque de
   d. se passe de

2. Elle _____ suivre des cours de biologie, de chimie et de physique.

   a. a besoin de
   b. a envie de
   c. manque de
   d. se passe de

3. Son ami Marc, inscrit en première ES[1], _____ intérêt pour les sciences.

   a. a besoin d'
   b. a envie d'
   c. manque d'
   d. se passe d'

4. Cette année, Marc va avoir quelques cours de sciences sur la théorie du genre dont il _____ bien.

   a. aurait besoin
   b. aurait envie
   c. manquerait
   d. se passerait

5. Il _____ d'apprendre la différence entre le genre et la sexualité.

   a. va avoir besoin
   b. va avoir envie
   c. va manquer
   d. va se passer

6. Les classes vont être animées et personne ne _____ commentaires !

   a. va avoir besoin de
   b. va avoir envie de
   c. va manquer de
   d. va se passer de

[1] Première économique et sociale

02-31 Pour réussir au travail. Remplacez les traits par l'expression de la liste qui convient en ajoutant **de** ou **de + l'article défini,** selon le cas. N'oubliez pas de conjuguer les verbes et de faire tous les changements nécessaires. N'utilisez chaque terme qu'une seule fois.

avoir besoin	manquer	assez	la plupart	se passer
beaucoup	peu	plus / moins	avoir envie	trop

1. Pour _____ gens, avoir un bon emploi intéressant est une nécessité économique

   et psychologique.

2. Pour se réveiller le matin, _____ gens _____ café.

3. Si une personne _____ compétence dans son travail, elle risque d'être virée°.

4. Si mon ami avait _____ argent et _____ dettes,

   sa vie ne serait pas si stressante.

5. Quand on _____ changer de métier, il faut réfléchir sérieusement à ses choix et à

   leurs conséquences.

6. Quand on veut réussir professionnellement au début de sa carrière, il faut souvent apprendre à

   _____ loisirs. Mais quand on a _____ travail et pas

   _____ temps libre, on risque également de devenir fatigué et stressé.

° *fired*

02-32 Marie-France travaille dur. Reliez la réaction logique de la colonne de droite à la situation de la colonne de gauche.

_____ 1. Marie-France travaille avec beaucoup de petits enfants dans une maternelle à Paris.

a. Elle ne peut se passer de sommeil.

_____ 2. Parfois, un enfant mal élevé refuse de l'écouter.

b. Elle a envie de le corriger.

_____ 3. De temps en temps, Marie-France s'énerve après un enfant indiscipliné, ce qu'elle regrette beaucoup.

c. Elle manque de patience.

_____ 4. Après une longue journée au travail, Marie-France est fatiguée.

d. Elle a envie de se reposer et de s'amuser un peu.

_____ 5. Pour être en forme, Marie-France doit se coucher de bonne heure.

e. Elle a besoin de vacances.

_____ 6. À la fin de l'année scolaire, Marie-France veut se changer les idées.

f. Elle a besoin de patience.

02-33 Une femme pour chef ? Écoutez ce passage et choisissez **dans chaque colonne** toutes les réponses qui conviennent.

bureau climatisé	Gabrielle	division de la vie
longues vacances	Marion	obsession de la hiérarchie
salaire élevé	Paul	obsession des vacances
stock-options	Sophie	obsession du pouvoir
voiture de fonction	Xavier	organisation du travail

1. Quels sont les avantages des cadres ?

2. Quels employés aiment avoir une femme pour chef ?

3. Quels employés se plaignent de leur chef femme ?

4. Comment la gestion et le management varient-ils entre les sexes ?

02-34 Je travaille pour une femme. Vous allez écouter le passage en entier. Ensuite, vous allez entendre des questions avec des réponses possibles. Choisissez toutes les réponses correctes.

1.

   a. Elle lit son comportement.

   b. Elles se parlent de leur mari.

   c. Elle anticipe ce que son chef va vouloir.

   d. Le chef donne plus de vacances à tout le monde.

2.

   a. La convivialité au bureau est importante.

   b. Il attache de l'importance à la qualité de la vie au bureau.

   c. Tous ses ordres sont clairs et logiques.

   d. Il préfère la coopération.

3.

   a. Le pouvoir ne l'obsède pas.

   b. Elle donne des ordres faciles à suivre.

   c. Elle est attentive à la qualité de la vie au bureau.

   d. Elle encourage la collaboration.

02-35 Dictée. On discute en classe. Vous allez écouter ce récit en entier. Puis chaque phrase sera relue et vous la retranscrirez.

_____

_____

_____

_____

_____

02-36 Mots croisés. Complétez avec les mots qui conviennent.

ACROSS

2. féminin de *chanteur*

3. négation du *partitif*

4. se marier avec

6. emploi

7. contraire de *trop*

DOWN

1. sexy

2. centre où l'on s'occupe des enfants

5. pluriel de *vitrail*

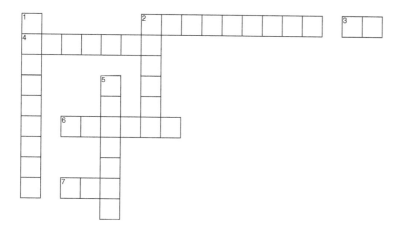

3 La vie urbaine

Prononciation

03-01 Quelques mots. Prononcez les mots ou expressions suivantes. Attention à la prononciation du [an], du [in] et du [on].

[an]	[in]	[on]
1. la banlieue	6. inhumain	11. un pavillon
2. le centre	7. un citadin	12. sombre
3. l'ennui	8. l'insécurité	13. une annonce
4. un mendiant	9. un terrain	14. le béton
5. tranquille	10. interdit	15. encombré

Vocabulaire

03-02 Quelques définitions. Donnez le mot qui correspond à chaque définition.

animé	être situé	fréquenter	se perdre	efficace
tranquille	la foule	une boîte de nuit	rénové	un centre commercial

1. récemment refait : _____

2. aller souvent : _____

3. grand groupe de gens : _____

4. une discothèque : _____

5. se trouver : _____

6. ne pas savoir où l'on se trouve : _____

7. endroit vivant rempli d'activités : _____

8. pas bruyant : _____

9. un endroit où il y a beaucoup de magasins : _____

10. productif en peu de temps : _____

03-03 Qu'en pensez-vous ?

03-03A Deux étudiantes, Caroline et Véronique, rentrent en métro après une longue journée à la fac à l'Université de Paris VII. Écoutez leur conversation.

A. Indiquez si les phrases suivantes sont vraies (Vrai) ou fausses (Faux) :

1. Vrai   Faux

2. Vrai   Faux

3. Vrai   Faux

4. Vrai   Faux

5. Vrai   Faux

B. Répondez aux questions suivantes en choisissant **toutes** les réponses correctes.

6.
   a. Il est efficace.
   b. Il y fait chaud.
   c. Il y a des risques.
   d. Il y a peu de places assises.

7.
   a. du métro
   b. de leurs études
   c. des vacances
   d. des voleurs

8.
   a. C'est calme.
   b. On peut faire des randonnées.
   c. Ça sent bon.
   d. Il fait du soleil.

03-03B À vous de parler. Enregistrez vos réponses aux questions suivantes.

1. À quoi est-ce que Caroline compare les gens dans le métro ?

2. À quoi faut-il faire attention en métro ?

3. Où habitent les parents de Caroline ?

4. Que pensent Caroline et Véronique des transports en commun aux heures de pointe ?

5. Et vous ? Préférez-vous les transports en commun ? Quels en sont les avantages et les désavantages ?

03-04 Albert cherche un appartement à Paris. Complétez le passage en choisissant l'expression de la liste qui convient.

un appartement de trois pièces	étage	immeuble
propriétaires	le loyer	la périphérie
paisible	ascenseur	les petites annonces
transports en commun		

Albert va passer sa troisième année d'université à Paris et il a besoin de trouver un appartement. Chaque jour,

il lit (1) _____ pour trouver (2) _____. Il contacte

plusieurs (3) _____, mais (4) _____ est toujours

trop cher. Alors, il décide de chercher à (5) _____ de Paris. Avec un système

de (6) _____ excellent, la distance du centre-ville ne posera peut-être pas de

problème. Finalement, dans un quartier (7) _____, Albert trouve un appartement

convenable au cinquième (8) _____ d'un bel (9) _____.

Heureusement, il y a un (10) _____.

03-05 Trouvez l'intrus. Choisissez le mot qui ne correspond pas à la définition que vous entendez.

1. maison   pavillon   espace vert   H.L.M.

2. mendiant   loyer   clochard   SDF

3. quartier   centre   étage   périphérie

4. aller en boîte   visiter un musée   s'ennuyer   fréquenter un café

5. garer   agresser   attaquer   voler

6. délabré   vieux   abimé   rénové

7. se promener   flâner   louer   se balader

03-06 Qu'en pensez-vous ?

03-06A Caroline et Véronique viennent de rentrer d'Auvergne où elles ont passé deux semaines de vacances. Écoutez leur conversation.

A. Maintenant, indiquez la réponse correcte aux questions que vous entendez :

1.

a)   b)   c)   d)

2.

a)   b)   c)   d)

3.

a)   b)   c)   d)

4.

a)   b)   c)   d)

5.

a)   b)   c)   d)

B. Répondez aux questions suivantes en choisissant **toutes** les réponses correctes.

6.

    a. Elles ont fait des randonnées.

    b. Elles sont allées au cinéma.

    c. Elles se sont reposées.

    d. Elles ont fait du shopping.

7.

    a. Elle veut manger dans un grand restaurant.

    b. Elle veut aller au cinéma.

    c. Elle veut flâner.

    d. Elle veut acheter beaucoup de choses.

8.

    a. H & M

    b. des petites boutiques

    c. Le Printemps

    d. Les Galeries Lafayette

9.

    a. une nouvelle robe

    b. des bottes

    c. un sac à main

    d. un manteau

03-06B À vous de parler. Enregistrez vos réponses aux questions suivantes.

1. Qu'est-ce que vous préférez faire pour vous détendre ? Aller en ville ? Aller à la campagne ? Rester chez vous ? Pourquoi ?

2. Quand vous êtes en ville, quelles activités préférez-vous ? Faire des courses? Faire du lèche-vitrines? Aller au cinéma ? Prendre un verre ? Aller en boîte ? Pourquoi ?

3. Où préférez-vous vivre ? En ville ou à la campagne ? Pourquoi ? Quels sont les avantages et les désavantages de la vie urbaine ? De la campagne ?

Adjectifs

03-07 Antonymes. Associez chaque adjectif de la colonne de gauche à son contraire dans la colonne de droite.

_____ 1. beau   a. pauvre

_____ 2. franc   b. brutal

_____ 3. premier   c. agité

_____ 4. gros   d. méchant

_____ 5. pareil   e. mince

_____ 6. paresseux   f. hypocrite

_____ 7. gentil   g. laid

_____ 8. riche   h. travailleur

_____ 9. calme   i. différent

_____ 10. doux   j. dernier

03-08 Comment décrire sa ville. Écrivez le féminin de chaque adjectif.

1. affreux : _____

2. anonyme : _____

3. bruyant : _____

4. complet : _____

5. long : _____

6. nouveau : _____

7. délabré : _____

8. neuf : _____

9. vieux : _____

10. épais : _____

11. sec : _____

12. spacieux : _____

03-09 Ma ville. Sélectionnez l'adjectif qui convient.

1. J'habite dans une [bel, belle] ville de province.

2. Les jardins [publics, publiques] du centre sont magnifiques.

3. Les quartiers de la ville sont toujours [animée, animés].

4. Même si les rues restent [bruyants, bruyantes], il est agréable d'y faire du lèche-vitrines.

5. Naturellement, la rue la plus chic accueille des boutiques [chers, chères] et des couturiers célèbres,

6. Les cafés y sont des endroits [spécial, spéciaux] où on peut paisiblement prendre une boisson.

7. Dans le quartier [résidentiel, résidentiels], d'[originales, originaux] immeubles de briques datent du dix-neuvième siècle.

8. Néanmoins, ma ville a son côté moderne qui se manifeste dans la vie [culturel, culturelle].

03-10 Féminin. Mettez les adjectifs entre parenthèses au féminin.

1. (original) C'est une œuvre _____.

2. (premier) Cet immeuble est ma _____ résidence universitaire.

3. (ancien) C'est une maison _____.

4. (gentil) Cette propriétaire est très _____.

5. (frais) Jean a commandé une boisson _____.

6. (fou) Cette pauvre vieille dame est _____.

7. (roux) Mon frère sort avec une femme _____.

8. (inquiet) Pauline est toujours _____.

9. (doux) Ma grand-mère est très _____.

10. (sec) Après avoir tant parlé, le candidat avait la gorge _____.

03-11 Masculin. Écrivez le masculin des adjectifs que vous entendez.

1. _____   7. _____   13. _____

2. _____   8. _____   14. _____

3. _____   9. _____   15. _____

4. _____   10. _____   16. _____

5. _____   11. _____   17. _____

6. _____   12. _____   18. _____

03-12 Ma voisine. Mettez les adjectifs au féminin et au pluriel, quand c'est nécessaire.

1. Mon voisin est italien   Ma voisine est _____

2. Son garage est spacieux   Sa maison est _____

3. Il a un énorme jardin fleuri   Elle a une _____ terrasse _____

4. Il a un gros camion japonais   Elle a une _____ voiture _____

5. Son camion est blanc et rouge   Sa voiture est _____ et _____

6. C'est un gentil voisin   C'est une _____ voisine

7. Il est actif   Elle est _____

8. Il est discret   Elle est _____

9. Ses fils sont sportifs mais doux   Ses filles sont _____ mais _____

10. Il est assez riche   Elle est assez _____

11. Il a un emploi public   Elle travaille pour la fonction _____

12. Il ne travaille pas à temps partiel   Elle a une activité _____

13. C'est un voisin généreux   C'est une voisine _____

03-13 Je cherche une villa. Sélectionnez l'adjectif qui convient.

1. Je cherche une _____ villa au bord de la mer.

   a. beau   b. bel   c. belle

2. Il me faut une maison _____ parce que je veux y inviter toute ma famille.

   a. spacieux   b. spacieuse   c. spacieuses

3. J'aimerais une maison _____ avec un certain caractère.

   a. ancienne   b. anciens   c. ancien

4. Cependant, la cuisine et les salles de bains doivent être _____.

   a. aménagée   b. aménagés   c. aménagées

5. Je veux bien faire quelques _____ rénovations mais je veux pouvoir emménager
   immédiatement.

   a. nouveaux   b. nouvelle   c. nouvelles

6. La salle à manger et le salon doivent avoir une grande baie _____.

   a. vitrés   b. vitrée   c. vitrées

7. Les chambres doivent être _____.

   a. lumineux   b. lumineuse   c. lumineuses

8. Enfin, je rêve d'un jardin avec vue _____ sur le littoral.

   a. chic   b. panoramique   c. panoramiques

03-14 Immobilier parisien. Donnez le pluriel des adjectifs entre parenthèses. N'oubliez pas de faire tous les accords nécessaires.

1. (élégant) Les quartiers _____ se trouvent principalement au centre de Paris.

2. (mauvais) Il y a quelques _____ quartiers près de Montmartre.

3. (nouveau) Les _____ immeubles offrent tout le confort moderne.

4. (spacieux) Toutes les chambres de la maison que je viens d'acheter sont très _____.

5. (légal) On doit remplir plusieurs documents _____ pour avoir le droit d'habiter dans
   une HLM.

6. (équipé) Toutes nos cuisines sont très bien _____.

7. (général) Tous les appartements de cet immeuble se conforment aux critères _____ de
   l'entrepreneur.

8. (affreux) Tous les bâtiments de ce quartier sont vraiment _____.

9. (étroit) Les rues _____ de ce quartier datent du XVIème siècle.

10. (délabré) En plus, tous les bâtiments sont _____.

03-15 Ville ou campagne. Julia et Camille sont plongées dans l'immobilier. Julia cherche un appartement à Paris, Camille une maison en province. Reconstituez les phrases de Camille en utilisant le féminin.

MODÈLE :   **Julia :**   Je voudrais un <u>grand</u> appartement.

                    Camille :   Je voudrais une *grande* maison.

1.   **Julia :**   Je cherche un <u>bel</u> appartement <u>spacieux.</u>

     Camille :   Je cherche une _____ maison _____.

2.   **Julia :**   Mon appartement doit se trouver dans un <u>superbe</u> bâtiment <u>ancien</u>.

     Camille :   Ma maison doit se trouver dans une _____ ville _____.

3.   **Julia :**   J'aimerais un décor <u>original</u> et <u>discret</u>.

     Camille :   J'aimerais une décoration _____ et _____.

4.   **Julia :**   Je voudrais trouver un appartement <u>élégant</u> mais pas trop <u>cher</u>.

     Camille :   Je voudrais trouver une maison _____ mais pas trop _____.

5.   **Julia :**   Crois-tu que je trouverais de <u>gentils</u> voisins <u>sympathiques</u> ?

     Camille :   Crois-tu que j'aurais de _____ voisines _____ ?

Place de l'adjectif

03-16 Pierre, l'entrepreneur. Choisissez la phrase qui correspond à la situation de Pierre.

_____ 1. Pour le moment Pierre n'a pas beaucoup d'argent.

         a) C'est un pauvre homme.

         b) C'est un homme pauvre.

_____ 2. Pierre a quelques idées vagues pour lancer une entreprise.

         a) Il a certaines idées.

         b) Il a des idées certaines.

_____ 3. Pierre a aidé son fils à se lancer dans les affaires.

         a) C'est un brave homme.

         b) C'est un homme brave.

_____ 4. Un homme pour qui Pierre travaillait autrefois va l'aider.

         a) C'est un patron ancien.

         b) C'est son ancien patron.

_____ 5. Pierre veut être indépendant.

         a) Il veut sa propre entreprise.

         b) Il veut une entreprise propre.

03-17 Arles. Place de l'adjectif. Choisissez l'expression correcte.

1. Ma ville est

   a. une colonie ancienne et romaine.

   b. une ancienne colonie romaine.

2. On y trouve

   a. de vieilles ruines gréco-romaines.

   b. de vieilles et gréco-romaines ruines.

3. Le cirque est

   a. un monument vaste et délabré.

   b. un vaste monument délabré.

4. Le musée présente

   a. des collections belles et archéologiques.

   b. de belles collections archéologiques.

5. Aujourd'hui, les arènes accueillent

   a. de nombreux spectacles musicaux et théâtraux.

   b. de nombreux, musicaux et théâtraux spectacles.

6. Autrefois, dans l'amphithéâtre se battaient

   a. des hommes braves.

   b. de braves hommes.

7. Van Gogh a passé du temps dans

   a. cette belle ville historique.

   b. cette ville historique et belle.

8. Aujourd'hui, les touristes visitent

   a. les anciens monuments urbains.

   b. les monuments urbains anciens.

9. Mais ils découvrent aussi

   a. les espaces différents et naturels de la Camargue.

   b. les différents espaces naturels de la Camargue.

10. Si vous venez explorer ma région, vous trouverez

    a. des petits hôtels jolis et charmants

    b. de jolis petits hôtels charmants

11. ou

    a. des chambres d'hôtes sympathiques et agréables.

    b. de sympathiques chambres d'hôtes agréables.

12. La mairie et l'office du tourisme pourront vous donner

    a. des renseignements certains.

    b. certains renseignements.

03-18 Mon année à Paris. Complétez le passage en choisissant l'adjectif de la liste qui convient, et en faisant tous les accords nécessaires. Pour quelques espaces, plusieurs adjectifs sont possibles, mais **n'utilisez chaque adjectif qu'une seule fois.** Faites attention à la logique de la phrase.

beau	petit	superbe	équipé	spacieux	ancien	calme	vieux	nouveau	cher

Quand j'avais 19 ans, j'ai décidé d'aller vivre à Paris pour un an. D'abord, j'ai téléphoné à de

(1) _____ amis qui habitent une (2) _____

maison (3) _____ à la périphérie de Paris. Ils m'ont trouvé un

(4) _____ appartement (5) _____ pas trop

loin de chez eux. L'appartement avait une (6) _____ cuisine bien

(7) _____. J'ai bien aimé cet appartement (8) _____,

mais qu'est-ce que c'était un appartement (9) _____ ! Il m'a coûté les yeux de la tête ;

mais que j'aimais bien ce quartier (10) _____ de Paris loin du bruit du

centre-ville !

03-19 Journal de réflexions personnelles. Dans le texte culturel, l'auteur parle de la discrimination basée sur le quartier d'où l'on vient. Est-ce que ce type de discrimination existe aux États-Unis ? Est-ce qu'on associe certains stéréotypes à certains endroits ? Y a-t-il des stéréotypes associés à votre lieu de naissance ?

_____

_____

_____

_____

_____

_____

Nom: _____   Date: _____

Adverbes

03-20 Adverbes. Écrivez l'adverbe qui correspond à l'adjectif que vous entendez.

1. _____   7. _____   13. _____

2. _____   8. _____   14. _____

3. _____   9. _____   15. _____

4. _____   10. _____   16. _____

5. _____   11. _____   17. _____

6. _____   12. _____   18. _____

03-21 Québec. Lequel de ces mots est un adverbe ?

1. Ce lieu influent dans l'histoire me plaît énormément.

    a. énormément   b. influent

2. On y trouve constamment une activité ou un événement ou un festival.

    a. constamment   b. événement

3. On peut également s'y promener dans un environnement que la région préserve.

    a. également   b. environnement

4. Culturellement, la ville offre dans chaque quartier un musée différent.

    a. culturellement   b. différent

5. L'arrondissement du Vieux Québec illustre magnifiquement la riche histoire de la province.

    a. arrondissement   b. magnifiquement

6. Le parlement travaille activement à la préservation de la culture de la province.

    a. activement   b. parlement

7. Par ailleurs, le résident se conduit toujours poliment avec les touristes.

    a. résident   b. poliment

8. Naturellement, ce sont les touristes qui contribuent à la prospérité de la ville.

    a. contribuent   b. naturellement

03-22 Les rénovations de ma ville natale. Formez un adverbe à partir de chaque adjectif de la liste et remplacez les traits par l'adverbe qui convient. Faites attention à la logique de la phrase.

> beaucoup malheureux constant aveugle mauvais bon énorme vrai peut-être rapide

Le quartier où je suis né est très délabré, alors on a décidé de faire des rénovations. Depuis le début de

l'année, on est (1) _____ en train de démanteler un bâtiment pour ensuite le

remplacer par un autre, plus moderne. Les constructeurs ont déjà fait (2) _____

de progrès, mais il y a encore (3) _____ à faire. Personnellement, j'aime

(4) _____ les rénovations, mais (5) _____ le quartier

a (6) _____ perdu un peu de son charme. (7) _____

devrait-on limiter les rénovations, surtout celles qui sont (8) _____ faites et qui ne

s'harmonisent pas avec la vieille architecture d'un quartier. Après tout, on ne doit pas faire des rénovations

(9) _____ sans égard pour l'impression générale que le quartier donnera. À mon

avis, ma ville change trop (10) _____ !

03-23 Journal de réflexion sur le texte littéraire. Balzac utilise des métaphores pour décrire Paris.
Choisissez un lieu que vous connaissez bien (votre ville, votre maison ou appartement, un parc, le campus,
etc.) et décrivez-le. Faites appel à votre imagination, et utilisez des métaphores, ainsi que le comparatif
et le superlatif.

_____

_____

_____

_____

_____

_____

_____

Comparatif

03-24 Claudine compare deux appartements. Claudine explique à Julie les différences entre les deux appartements qu'elle vient de visiter. Écoutez la conversation entre Claudine et Julie. Indiquez si la réaction de Julie est vraie ou fausse.

MODÈLE :   **Claudine :** Le premier appartement a deux chambres ; le deuxième a trois chambres.

     Julie : Alors le premier appartement est moins grand que le deuxième.

        vrai   faux

    Claudine : Le premier appartement est très petit, mais le deuxième est très grand.

     Julie : Alors, le premier appartement est plus spacieux que le deuxième.

        vrai   *faux*

1. vrai   faux

2. vrai   faux

3. vrai   faux

4. vrai   faux

5. vrai   faux

6. vrai   faux

7. vrai   faux

8. vrai   faux

03-25 Comparons les domiciles. Choisissez les comparaisons qui correspondent le mieux aux images.

a) L'appartement est moins grand que la maison.

b) Le château est plus spacieux que la maison.

c) L'appartement est plus confortable pour un couple âgé que le château.

d) Pour une jeune famille, la maison est plus pratique que l'appartement.

e) Le château est moins facile à entretenir que l'appartement.

f) La maison est moins élégante que le château.

g) La maison est moins impressionnante que le château.

h) Pour une grande famille avec un chien, l'appartement est moins commode que la maison.

i) L'appartement est plus moderne que le château.

j) Le château est plus ancien que l'appartement.

1. Comparez l'appartement et la maison :

_____   _____   _____   _____

2. Comparez l'appartement et le château :

_____   _____   _____   _____

3. Comparez la maison et le château :

_____   _____   _____

03-26 Quelle ville a le plus d'avantages ? Choisissez la réponse entre parenthèses qui convient.

1. La vie à Paris est [plus/moins] stressante que la vie à Saint-Tropez.

2. La mode à Milan est [moins/aussi] importante qu'à Paris.

3. Le métro à Paris est [meilleur/moins bon] que le métro à Los Angeles.

4. On mange [mieux/moins bien] dans un bistrot à la campagne que dans une cafétéria d'une grande ville.

5. Les loyers à Dijon sont [meilleur marché/plus chers] que les loyers à Paris.

03-27 Vie urbaine. Faites des phrases comparatives selon le symbole (+//−//=). Faites attention aux accords.

MODÈLE :   (+) (intéressant) Ma ville natale est *plus intéressante que* Rouen.

1. (+) (beau) Paris est _____ Lyon.

2. (−) (cher) Les Monoprix coûtent _____ Le Printemps.

3. (+) (bien) Les étalages de cette boutique sont _____ faits que ceux de ce grand magasin.

4. (=) (compétent) Les élèves de ce quartier modeste sont _____ les élèves de ce quartier aisé.

5. (+) (rapide) La circulation sur les autoroutes est _____ au centre-ville.

6. (–) (bien) Les bâtiments avant les rénovations de Haussmann étaient _____ construits _____ les bâtiments après Haussmann.

7. (+) (bon) Les produits frais des petites épiceries sont _____ les produits des grands supermarchés.

8. (=) (grand) L'immeuble où j'habite est _____ le tien.

9. (+) (rapidement) Dans ce quartier-ci, on fait les rénovations _____ dans ce quartier-là.

10. (–) (spacieux) Ma maison est _____ la tienne.

Superlatif

03-28 Quel domicile est le meilleur ? Quelle description de la colonne de droite correspond le mieux à l'image ?

_____ 1.

a. C'est le domicile le plus pratique de tous pour une jeune famille.

_____ 2.

b. C'est le domicile le moins facile de tous à nettoyer.

_____ 3.
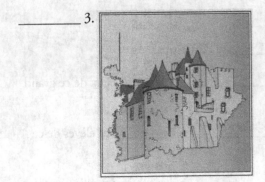
c. C'est le domicile le moins spacieux de tous.

03-29 Brest. Sélectionnez la forme du superlatif qui convient.

1. Brest est une ville de Bretagne. C'est [le plus, la plus] grande ville du Finistère.

2. C'est aussi un port militaire parmi [le plus, les plus] anciens de France.

3. Le château est le monument [le plus, les plus] vieux de la ville.

4. Il est situé auprès de l'une [de la plus, des plus] vastes rades du monde.

5. La rade accueille [le plus, les plus] beaux bateaux du monde lors de fêtes maritimes.

6. La ville a été entièrement détruite pendant la Deuxième Guerre Mondiale et les immeubles du centre sont [le moins, les moins] pittoresques de la ville.

7. Néanmoins, le centre a les boutiques et les cafés [les plus, les moins] élégants.

8. La population, très courtoise, est [le plus, la moins] arrogante que l'on puisse rencontrer.

9. Par ailleurs, ville jeune, Brest compte un des taux [le plus, les plus] élevés d'étudiants en France.

10. Enfin, le visiteur [le plus, les plus] exigeant peut y trouver les plaisirs de la mer et de la nature.

03-30 Mon quartier. Faites des phrases superlatives selon le symbole. Faites attention aux accords.

MODÈLE :   (+) (moderne) C'est le quartier _____ la ville.

C'est le quartier *le plus moderne de* la ville.

1. (+) (beau) C'est _____ immeuble _____ quartier.

2. (–) (rapide) En ville, la voiture est le moyen de transport _____ tous les moyens de transport.

3. (+) (bon) C'est _____ épicerie _____ quartier.

4. (–) (bien planifié) C'est le quartier _____ que la ville ait construit.

5. (+) (bon) La bibliothèque a _____ architecture _____ quartier.

6. (+) (beau) C'est _____ résidence que j'aie jamais vue.

Expressions idiomatiques

03-31 Je réagis ! Choisissez dans la colonne de droite la réaction logique à la situation dans la colonne de gauche.

_____ 1. Chaque jour, il y a plus de monde dans le métro.   a. C'est la pire des injustices.

_____ 2. La discrimination est ignoble.   b. Tant pis !

_____ 3. Zut ! Je viens de manquer mon bus !   c. C'est la moindre des choses.

_____ 4. Merci d'avoir gardé ma place.   d. Plus je me hâte moins je réussis.

_____ 5. Quand je me dépêche, je fais des erreurs.   e. Il y a de plus en plus de passagers.

03-32 Les jeunes de la cité. Écoutez ce passage et ensuite choisissez les réponses qui conviennent.

1. Quels adjectifs décrivent les façades des HLM ?

| blanches | brillantes | immaculées | rénovées |

2. Décrivez les fenêtres des immeubles.

| éclairées | étroites | hautes | petites |

3. Décrivez les arbres.

| en rang d'oignons | hauts | maigres | verts |

4. Qu'est-ce qui égaye (rend gaie) la cité ?

| arbres | fleurs | parterres | pelouse |

5. Comment s'appellent les copains ?

| Kamel | Kofi | Omer | Mehdi |

6. De quelle origine sont les copains?

| algérienne | africaine | italienne | turque |

7. Que font les copains au centre socioculturel ?

| discuter | envoyer un CV | jouer | passer le temps |

8. Choisissez toutes les professions que les copains ont exercées.

| comptable | chauffeur | étudiant | instituteur |
| mécanicien | peintre | professeur | vendeur |

03-33 Le projet de Mokrane. Écoutez le passage et ensuite répondez aux questions en choisissant **toutes** les options possibles.

1. Quels types d'écoles Mokrane connaît-il ?

   a. les écoles privées

   b. les écoles de banlieue

   c. les écoles coraniques

   d. les grandes écoles

2. De quels types de discrimination, les enfants mentionnés dans le passage se sentent-ils victimes?

   a. religieuse

   b. raciale

   c. économique

   d. sociale

3. Qu'est-ce que Mokrane veut faire?

   a. gagner beaucoup d'argent

   b. devenir instituteur

   c. aider les enfants des banlieues

   d. sortir de la banlieue

03-34 Dictée. La vie de Mokrane. Vous allez écouter ce récit en entier. Puis chaque phrase sera relue et vous la retranscrirez.

_____

_____

_____

_____

_____

_____

_____

03-35 Mots croisés. Complétez avec les mots qui conviennent.

Horizontalement

3. comparatif de *bon*

5. quartier à la périphérie d'une ville

8. temps libre

9. petit magasin

Verticalement

1. quantité de gens

2. bâtiment urbain

4. féminin de *pareil*

6. forme adverbiale de *heureux*

7. pluriel de *final*

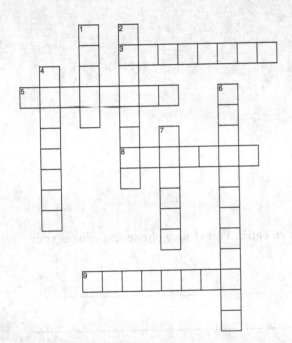

4 Politique, indépendance, identité nationale

Prononciation

04-01 Quelques mots. Prononcez et enregistrez les mots ou expressions suivantes. Attention à la prononciation du [o] o fermé (eau) et du [ɔ] o ouvert (porte).

o	ɔ
1. mot	8. école
2. gauche	9. homme
3. chômage	10. réforme
4. cause	11. docteur
5. chaos	12. sortant
6. veto	13. optimisme
7. drapeau	14. xénophobe

04-02 Encore des mots. Écoutez les mots suivants et signalez le son que vous entendez.

1. o   ɔ   6. o   ɔ

2. o   ɔ   7. o   ɔ

3. o   ɔ   8. o   ɔ

4. o   ɔ   9. o   ɔ

5. o   ɔ   10. o   ɔ

Vocabulaire

04-03 Pour voter. Choisissez le mot qui correspond à chaque définition.

_____ 1. parler d'un sujet important devant d'autres gens

_____ 2. conservateur

_____ 3. le contraire d'un collègue

_____ 4. une forme de gouvernement où il y a un roi ou une reine

_____ 5. l'autorisation d'enregistrer son opinion politique

_____ 6. être choisi par un vote général

_____ 7. assemblée de politiciens qui ont le pouvoir
de faire des réformes ou de créer des lois

_____ 8. de gauche

_____ 9. quitter son poste

_____ 10. une personne qui soutient un parti politique ou un candidat

a. un adversaire

b. de droite

c. démissionner

d. le droit de vote

e. être élu

f. faire un discours

g. progressiste

h. le parlement

i. un partisan

j. une monarchie

04-04 Qu'en pensez-vous ?

04-04A Jean et Marc parlent de la prochaine élection. Écoutez leur conversation.

A. Maintenant, indiquez la réponse correcte aux questions que vous entendez :

1.

a)   b)   c)   d)

2.

a)   b)   c)   d)

3.

a)   b)   c)   d)

4.

a)   b)   c)   d)

B. Répondez aux questions en choisissant **toutes** les options qui conviennent.

5. De qui Jean et Marc parlent-ils ?
   a. de la candidate socialiste
   b. du candidat du Front National
   c. du candidat de droite
   d. du maire de Paris

6. Pourquoi Marc préfère-t-il la candidate socialiste ?
   a. Elle veut aider les classes défavorisées.
   b. Il veut écouter ses idées sur l'économie.
   c. Elle veut protéger l'environnement.
   d. Il veut voter pour une femme.

7. Pourquoi Jean préfère-t-il le candidat de droite ?
   a. Il veut que la France dépende moins de l'énergie nucléaire.
   b. Il a beaucoup d'expérience en politique.
   c. Il est conservateur.
   d. Il est réaliste.

04-04B À vous de parler. Enregistrez vos réponses aux questions suivantes.

1. Qui est-ce qui s'intéresse le plus à la politique ?

2. Contrastez les idées de Jean et de Marc sur l'importance de l'écologie.

3. À votre avis, est-ce que l'écologie doit figurer parmi les idées politiques d'un candidat ? Pourquoi ?

4. Décrivez votre candidat idéal. Est-ce un homme ou une femme ? Le sexe du candidat a-t-il de l'importance ? Quelles sont les idées politiques de votre candidat idéal ?

04-05 Gouvernements. Donnez le synonyme ou l'antonyme.

_____ 1. L'antonyme de religieux :   a. l'anarchie

_____ 2. L'antonyme de la démocratie :   b. la démocratie

_____ 3. Le synonyme du chaos :   c. le despotisme

_____ 4. Le synonyme de la dictature :   d. la dictature

_____ 5. L'antonyme de la monarchie :   e. la laïcité / laïc

04-06 La politique. Choisissez le mot qui convient à la définition que vous entendez.

1. le ministre	le président	le député	le sénateur
2. l'anarchie	la monarchie	la démocratie	la dictature
3. la parité	la fraternité	la liberté	l'égalité
4. de droite	conservateur	socialiste	de gauche
5. exécutif	judiciaire	législatif	militaire
6. le département	la commune	le pays	le peuple

04-07 Qu'en pensez-vous ?

04-07A Jean et Marc continuent leur discussion après le débat.

A. Indiquez si les phrases que vous entendez sont vraies (Vrai) ou fausses (Faux).

1. Vrai   Faux

2. Vrai   Faux

3. Vrai   Faux

4. Vrai   Faux

5. Vrai   Faux

B. Répondez aux questions en choisissant **toutes** les options qui conviennent.

6.
    a. Elle est naïve.

    b. C'est une femme forte.

    c. Elle est intelligente.

    d. Elle est trop à gauche.

7.
    a. Elle a de bonnes idées sur l'économie.

    b. Elle promet de créer plus de postes en éducation.

    c. Elle tient compte de l'importance de l'environnement.

    d. Elle défend la laïcité.

8.
    a. Il ne sait pas pour qui il va voter.

    b. Il ne va pas voter pour le candidat de droite.

    c. Il ne veut pas révéler pour qui il va voter.

    d. Il va voter pour la candidate.

04-07B À vous de parler. Enregistrez vos réponses aux questions suivantes.

1. Que pense Jean de la femme politique après le débat ?

2. Selon Jean, pourquoi la laïcité est-elle un principe politique important ?

3. À votre avis, quel sujet est le plus important dans un débat politique ? L'économie ?

    L'écologie ? La laïcité ? La solidarité ? Pourquoi ?

Le passé composé

04-08 Gabrielle explique ce que Claudette et elle ont fait un matin à Paris. Écoutez les explications de Gabrielle et mettez les verbes au passé composé.

MODÈLE :   Vous entendez :   Mon réveil sonne à 6 heures.

Vous écrivez :   Mon réveil *a sonné* à 6 heures.

1. Le matin, je _____ chercher Claudette.

2. Nous _____ le train à 7 heures.

3. Nous _____ à Paris à 10 heures.

4. Nous _____ nos valises à l'hôtel.

5. J' _____ de faire un tour dans le quartier.

6. Claudette _____.

7. Nous _____ ensuite au Jardin du Luxembourg.

8. Nous _____ au Sénat.

9. Nous _____ dans la galerie des visiteurs.

10. Claudette _____ tous les sénateurs.

11. J'_____ avec attention un débat sur la drogue et les sportifs.

12. Nous _____ déjeuner.

04-09 Ma tante Adeline. Sélectionnez l'auxiliaire qui convient.

Ma tante Adeline (1) [a, est] toujours adoré la politique. Pour elle, le vote est un droit précieux que les femmes (2) [ont, sont] obtenu relativement tard et alors elle (3) n'[a, est] jamais manqué de voter dans toutes les élections. Elle (4) [a, est] même allée voter un dimanche où il neigeait. C'était pour le premier tour des législatives. Ma tante et tous ses enfants (5) [ont, sont] souvent choisi des candidats de droite parce qu'ils sont assez conservateurs. Moi, par contre, (6) [j'ai, je suis] souvent sélectionné un candidat de gauche parce que les convictions sociales de la gauche me plaisent. Les idées du Parti Socialiste (7) [ont, sont] toujours été bien acceptées par une moitié de la population française. Deux fois déjà un candidat socialiste (8) [a, est] arrivé à la présidence. Ma tante et moi (9) [n'avons, ne sommes] jamais fait le même choix mais nous (10) [avons, sommes] souvent tombées d'accord pour dire que le parti au pouvoir doit résoudre les problèmes sociaux et économiques.

04-10 Être ou avoir ? Mettez les verbes entre parenthèses au **passé composé.** Faites attention à l'auxiliaire et aux participes passés irréguliers.

Mon oncle Philippe voulait être maire de la ville. D'abord il (1) _____ (choisir)

un groupe de collègues pour l'aider à analyser la situation. Ils (2) _____

(discuter) de la situation politique pendant longtemps. Après avoir beaucoup réfléchi, oncle Philippe

(3) _____ (prendre) la décision de poser sa candidature. Pendant la campagne

électorale, il (4) _____ (aller) à beaucoup de réunions et de clubs pour parler

de ses idées. Il (5) _____ (rendre) visite à plusieurs personnes importantes

de la ville. Pendant cette période, il (6) _____ (sortir) presque chaque soir,

et bien sûr sa famille et ses amis (7) _____ (ne pas le voir) souvent. Le

lendemain de l'élection, oncle Philippe (8) _____ (se réveiller) très tôt. Il

(9) _____ (descendre) en ville pour voir s'il avait gagné. Quel bonheur quand il

(10) _____ (savoir) que c'était lui le nouveau maire !

04-11 Yamina Benguigui. Sélectionnez le participe passé qui convient.

Yamina Benguigui est (1) [né, née] en 1957, à Lille. Elle est (2) [devenu, devenue] ministre déléguée à la

Francophonie après l'élection de François Hollande à la présidence, en 2012. Ses parents, d'origine algérienne,

se sont (3) [installé, installés] en France avant sa naissance. C'est une cinéaste qui s'est (4) [consacré, consacrée]

aux questions d'immigration et aux inégalités. Les films qu'elle a (5) [fait, faits] dépeignent l'immigration

maghrébine. Dans *Mémoires d'immigrés*, elle a (6) [évoqué, évoquée] l'exil des immigrés de la génération

de son père. Dans *Inch'allah dimanche*, elle a (7) [voulu, voulue] montrer les difficultés qu'une jeune

femme a (8) [rencontrée, rencontrées] pour s'adapter à la France. De plus, elle a (9) [produit, produite] un

documentaire pour montrer comment certains jeunes ont (10) [pu, pus] s'intégrer en s'enrôlant dans l'armée

française. Dans le téléfilm, *Aïcha*, elle a (11) [exposé, exposée] le poids des traditions familiales sur les jeunes

femmes musulmanes. En politique, elle s'est (12) [engagé, engagée] à gauche. Elle a (13) [été élu, été élue]

conseillère dans le XXème arrondissement. Ensuite, le maire de Paris l'a (14) [choisi, choisie] comme adjointe.

Maintenant, elle est Madame la Ministre.

04-12 Que fait Sylvie ? Choisissez l'action qui correspond à chaque image.

    a. Sylvie est sortie.

    b. Sylvie a sorti ses clés.

    c. Sylvie est montée.

    d. Sylvie a descendu sa valise.

1. _____

2. _____

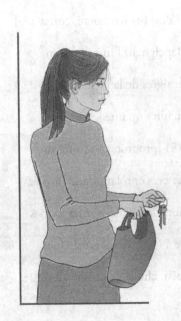

3. _____

4. _____

04-13 Ma sœur s'intéresse à la politique. Mettez les verbes entre parenthèses au **passé composé** en faisant attention à l'accord du participe passé.

Ma sœur n'aimait pas la situation écologique de la région et a décidé d'écrire une longue lettre à sa représentante. La lettre qu'elle (1) _____ (écrire) décrivait la pollution du fleuve principal. « Beaucoup de poissons (2) _____ (mourir) et l'eau du fleuve (3) _____ (devenir) insalubre à cause de la contamination » a-t-elle expliqué.

Évidemment, cette femme politique (4) _____ (la lire) avec soin parce qu'elle (5) _____ (venir) voir elle-même ce qui se passait. La pollution du fleuve (6) _____ (l'étonner) ! Elle ne se rendait pas compte que la situation était si grave.

Quand la représentante (7) _____ (rentrer), elle a immédiatement fait des réformes pour lutter contre la pollution. Les nouvelles lois qu'elle (8) _____ (créer) ont été très efficaces. Plusieurs experts (9) _____ (arriver) et ils ont nettoyé le fleuve. Toute la région apprécie les efforts que ma sœur (10) _____ (faire) !

04-14 Biographie de Martin Luther King, Jr. Retrouvez les infinitifs des verbes au passé composé.

Martin Luther King, Jr (1) **est né** à Atlanta le 15 janvier 1929 dans une famille de la classe moyenne. Il (2) **a connu** une enfance paisible et il (3) **est allé** d'abord à l'école publique en 1936 ; puis il (4) **est entré** dans une école privée. À la fin des études secondaires, il (5) **s'est inscrit** au Morehouse College avec l'intention de faire une carrière d'avocat. Finalement, il (6) **a changé** de vocation et (7) **est devenu** pasteur adjoint dans la paroisse de son père. En 1948, MLK (8) **est venu** en Pennsylvanie pour faire des études de théologie. Là, il (9) **a lu** beaucoup d'auteurs non-violents dont Gandhi. Ensuite, il (10) **a déménagé** à Boston pour faire un doctorat. En 1953, Coretta Scott et Martin Luther King (11) **se sont mariés.** Installé en Alabama, MLK (12) **a entrepris** un combat contre la discrimination et la ségrégation. Lorsque Rosa Parks (13) **a été arrêtée** parce qu'elle n'avait pas voulu céder sa place assise à un Blanc, avec des amis et des syndicalistes, il (14) **a eu** l'idée d'organiser un boycott des autobus de la ville. C'était le début de l'action contre la ségrégation. En 1962, le président Kennedy (15) **a reçu** Martin Luther King à la Maison Blanche mais, aucune décision concrète n'ayant été prise, le pasteur (16) **est redescendu** dans la rue et (17) **a organisé** de nombreuses marches pour l'égalité. En 1964, il (18) **a obtenu** le Prix Nobel de la Paix. En 1968, à Memphis, où il préparait une manifestation antiségrégationniste, un homme, James Earl Ray (19) **l'a abattu.** MLK (20) **est mort** une heure plus tard.

Passé composé	Infinitif
1. est né	_____
2. a connu	_____
3. est allé	_____
4. est entré	_____
5. s'est inscrit	_____
6. a changé	_____
7. est devenu	_____
8. est venu	_____
9. a lu	_____
10. a déménagé	_____
11. se sont mariés	_____
12. a entrepris	_____
13. a été arrêtée	_____
14. a eu	_____
15. a reçu	_____
16. est redescendu	_____
17. a organisé	_____
18. a obtenu	_____
19. a abattu	_____
20. est mort	_____

Le passé simple et le passé composé

04-15 Napoléon III. Choisissez la phrase qui correspond à la phrase que vous venez de lire.

1. Louis Napoléon naquit en 1808.

   a. Louis Napoléon était né en 1808.

   b. Louis Napoléon est né en1808.

   c. Louis Napoléon naît en 1808.

2. Il fut élu président de la 2ᵉ République en 1848.

   a. Il a été élu président de la 2ᵉ République en 1848.

   b. Il était élu président de la 2ᵉ République en 1848.

   c. Il est élu président de la 2ᵉ République en 1848.

3. Il initia un coup d'état en 1851.

   a. Il avait initié un coup d'état en 1851.

   b. Il initie un coup d'état en 1851.

   c. Il a initié un coup d'état en 1851.

4. Il fut empereur jusqu'en 1870.

   a. Il était empereur jusqu'en 1870.

   b. Il a été empereur jusqu'en 1870.

   c. Il sera empereur jusqu'en 1870.

5. Il mourut en 1873.

   a. Il est mort en 1873.

   b. Il meurt en 1873.

   c. Il était mort en 1873.

04-16 La vie de Charles de Gaulle. Remplacez le passé simple par le passé composé.

Charles de Gaulle <u>naquit</u> (1) _____ en 1890. À la fin de la Deuxième Guerre Mondiale,

il <u>devint</u> (2) _____ chef du gouvernement provisoire, et ensuite président de la France.

À la suite d'un référendum où son « oui » <u>ne fut pas</u> (3) _____ soutenu, il <u>démissionna</u>

(4) _____. De Gaulle <u>mourut</u> (5) _____ en 1970.

L'imparfait

04-17 Nicolas, un homme politique. Écoutez le passage suivant et ensuite indiquez si les phrases sont vraies ou fausses. Faites très attention aux temps des verbes — le présent ou l'imparfait — pour pouvoir répondre correctement aux questions.

1. vrai   faux

2. vrai   faux

3. vrai   faux

4. vrai   faux

5. vrai   faux

6. vrai   faux

7. vrai   faux

8. vrai   faux

9. vrai   faux

10. vrai   faux

04-18 Mon frère voulait être président. Mettez les verbes entre parenthèses à l'imparfait.

Quand mon petit frère (1) _____ (avoir) 10 ans,

il (2) _____ (vouloir) être président. À l'école, les

élèves (3) _____ (étudier) les présidents et mon frère

(4) _____ (trouver) leur vie fascinante. Quand nous lui

(5) _____ (demander) quel président il (6) _____

(préférer), il (7) _____ (choisir) toujours John Fitzgerald Kennedy. Plus tard dans

la vie, mon frère (8) _____ (dire), « Je (9) _____

(l'admirer) tant parce qu'il (10) _____ (savoir) toujours exactement quelle décision

prendre. »

Réflexion culturelle

04-19 Journal de réflexions. On parle d'identité nationale. Pensez à votre identité ou à celle de vos parents ou grands-parents. Qu'est-ce qui la définit? Qu'est-ce qui la différencie des autres identités?

_____

_____

_____

_____

_____

_____

_____

Le passé composé ou l'imparfait

04-20 Politique. Associez la suite de la phrase qui convient.

_____ 1. Les gens n'ont pas voté parce qu'

_____ 2. Les étudiants ont fait une grève parce qu'

_____ 3. Les employés de la SNCF ont manifesté parce qu'

_____ 4. Le candidat n'a pas été élu parce qu'

_____ 5. Les gens ont voté pour les Écologistes parce qu'

_____ 6. Les gens ont commencé à chanter quand

a. ils s'inquiétaient pour l'environnement.

b. on voulait augmenter l'âge de la retraite.

c. il manquait d'expérience.

d. ils n'aimaient pas les candidats.

e. le candidat vainqueur est arrivé.

f. ils s'opposaient aux réformes du ministre de l'enseignement.

04-21 Monique va voter. Choisissez le temps qui convient en fonction de la chronologie de l'histoire.

1. Dimanche, jour des élections, Monique [se levait / s'est levée] tôt pour aller voter.

2. Elle [ne voulait pas / n'a pas voulu] faire la queue en arrivant en fin de matinée.

3. Elle [savait / a su] aussi qu'il y aurait beaucoup de monde pour une élection présidentielle.

4. Monique [arrivait / est arrivée] au bureau de vote à 10h.

5. Déjà, plusieurs personnes devant elle [sélectionnaient / ont sélectionné] leur bulletin de vote.

6. D'abord, une jeune femme [demandait / a demandé] à Monique sa carte d'identité.

7. Ensuite, elle lui [donnait / a donné] une enveloppe avec les noms des candidats.

8. Monique [entrait / est entrée] dans l'isoloir.[1]

9. Elle [mettait / a mis] le bulletin dans une enveloppe.

10. Elle [s'approchait / s'est approchée] de l'urne et [plaçait / a placé] le bulletin dedans.

11. En sortant, elle [rencontrait / a rencontré] des amis à elle et ils [allaient / sont allés] prendre un verre ensemble.

12. Le soir, Monique [apprenait / a appris] que son candidat avait gagné.

[1]*voting booth*

04-22 Histoire de France. Associez la première partie de la phrase avec la suite qui convient.

1. Jusqu'à la fin du dix-huitième siècle, en France, il existait une monarchie,

     a. mais le roi vivait en Angleterre.

     b. mais en 1789, il y a eu une révolution et la république a été établie.

2. Quand Napoléon était empereur de 1804–1814,

     a. il a fait de nombreuses réformes administratives.

     b. il institue le vote des femmes.

3. Le général de Gaulle, enfant doué qui adorait la littérature,

     a. est devenu professeur de lettres à 18 ans.

     b. est entré à l'école militaire de Saint-Cyr à 18 ans.

4. En 1914, il existait des tensions dans les Balkans,

     a. quand la Révolution française de 1789 a commencé.

     b. quand la Première Guerre Mondiale a éclaté.

5. En 1940, pendant la Deuxième Guerre Mondiale, les Allemands occupaient la France,

     a. quand de Gaulle a lancé de Londres son appel à la résistance.

     b. quand de Gaulle est président de la République.

04-23 Mon grand-père pendant la guerre. Mettez les verbes entre parenthèses au **passé composé** ou à **l'imparfait.** Faites attention à l'auxiliaire **avoir** ou **être** et aux accords des participes passés.

On (1) _____ (être) en 1944 et mon grand-père (2) _____

(faire) son service militaire. Lui et sa section (3) _____ (partir) pour la

France pour lutter contre les Allemands. Tous les soldats (4) _____ (avoir)

peur, mais ils (5) _____ (croire) aussi à la liberté. Pendant la guerre, mon

grand-père (6) _____ (voir) beaucoup de batailles. Il se rappelle une bataille

particulièrement dure. « Quand les bombes (7) _____ (commencer) à

exploser, nous (8) _____ (penser) que c'était la fin ! Je me rappelle également

ce que je (9) _____ (faire) quand on (10) _____

(déclarer) la fin de la guerre. J' (11) _____ (admirer) le beau sourire

d'une belle femme que je (12) _____ (venir) de rencontrer dans un

bar. Votre grand-mère ! Je (13) _____ (ne pas comprendre) le français,

mais quand elle (14) _____ (me parler) pour la première fois, ça

(15) _____ (être) le coup de foudre[2] ! »

[2]*love at first sight*

Le plus-que-parfait

04-24 Ma secrétaire fait tout à l'avance.

Mettez les verbes entre parenthèses au plus-que-parfait. Faites attention à l'auxiliaire, aux accords du participe passé et à la place des adverbes.

1. J'ai demandé à Denise, ma secrétaire, d'imprimer le rapport, mais elle _____

   (déjà le faire).

2. Ce matin, quand j'ai dit que la réunion allait commencer, Denise _____ (déjà

   s'y rendre) quelques minutes auparavant.

3. J'ai dit à Denise qu'il fallait payer la facture, mais elle _____ (déjà la payer).

4. J'ai proposé à Denise de lui donner des billets pour aller voir la nouvelle pièce de Ionesco, mais elle

   _____ (déjà la voir).

5. À cinq heures, j'ai téléphoné à Denise pour lui rappeler de prendre rendez-vous avec mon homologue

   allemand, mais elle _____ (partir) du bureau.

04-25 Journée d'un candidat à l'élection présidentielle. Écoutez ce que dit ce candidat le jour de l'élection présidentielle. Ensuite, complétez ses phrases en mettant les verbes au plus-que-parfait.

MODÈLE :   Vous entendez :   Je me suis levé à 7 heures

              Vous écrivez :   La veille, je *m'étais levé* à 7 heures.

1. La veille, j' _____ dans un café aussi.

2. J' _____ des électeurs.

3. Je leur _____ de la crise économique.

4. À 9 heures, mon manager _____ de finir la visite.

5. Nous _____ l'avion pour aller à un rallye.

6. J' _____ un discours.

7. Les gens _____.

8. Ils _____ des questions sur la politique étrangère.

9. Ensuite, nous _____ déjeuner.

Le passé composé, l'imparfait, ou le plus-que-parfait

04-26 Choix politiques. Complétez le passage en choisissant le temps du verbe (passé composé ou plus-que-parfait) qui convient.

Aux dernières élections, Isabelle (1) [a voté, avait voté] _____ pour le

candidat de gauche parce qu'il (2) [a toujours été, avait toujours été] _____

convaincant en matière économique. Pendant sa campagne, celui-ci (3) [a évoqué, avait évoqué]

_____ la situation des chômeurs, ce qui (4) [a persuadé, avait persuadé]

_____ Isabelle de sa compassion pour les autres. Mais même avant, Isabelle

(5) [a entendu, avait entendu] _____ parler de cet homme. Mais quand ? Où ?

Et dans quelles circonstances ? Elle n'en était pas certaine. Finalement, Isabelle (6) [s'en est souvenue,

s'en était souvenue] _____ ! Son père (7) [a mentionné, avait mentionné]

_____ le candidat à plusieurs reprises quand Isabelle était enfant. Lui et le candidat

(8) [ont étudié, avaient étudié] _____ le droit ensemble à l'université.

04-27 Le jour de l'élection. Choisissez le temps du verbe qui convient.

Le jour de l'élection je (1) [me suis réveillé/m'étais réveillé] de bonne heure. (2) [J'ai été/ J'étais] fatigué parce

que la veille (3) [j'étudiais/j'avais étudié] tous les candidats et toutes les propositions. Après m'être habillé et

après avoir mangé, (4) [j'ai mis/je mettais] mon bulletin de vote dans mon sac, (5) [j'ai préparé/j'avais préparé]

le déjeuner que (6) [j'avais/j'ai eu] l'intention de manger dans le parc, et (7) [je suis parti/j'étais parti]. (8) [J'ai

réfléchi/Je réfléchissais] à mes décisions politiques quand par hasard (9) [j'ai rencontré/j'avais rencontré] Paul.

(10) [On a parlé/On parlait] de la situation politique pendant un quart d'heure. Après le départ de mon ami,

(11) [je n'ai plus su/je ne savais plus] pour qui (12) [je suis allé/j'allais] voter !

Nom: _____   Date: _____

04-28 L'élection du président. Lisez ce récit et choisissez le temps qui convient.

1. Dimanche dernier, _____ le deuxième tour de l'élection présidentielle.

   a. c'est   b. ça a été   c. c'était

2. Un candidat de droite et un candidat de gauche _____.

   a. se sont affrontés   b. s'affrontaient   c. s'étaient affrontés

3. Comme je _____ d'avoir dix-huit ans la semaine précédente,

   a. viens   b. suis venue   c. venais

4. j' _____ voter pour la première fois de ma vie.

   a. ai pu   b. pouvais   c. avais pu

5. Mon amie et moi _____ voter dans l'après midi pour éviter la foule.

   a. sommes allées   b. allaient   c. iraient

6. Malheureusement, il y _____ une énorme queue,

   a. a eu   b. avait   c. a

7. et nous _____ attendre longtemps avant d'entrer dans l'isoloir.

   a. devons   b. avons dû   c. devions

8. Le soir, à 20h précises, les journalistes _____

   a. annoncent   b. ont annoncé   c. annonçaient

9. que le candidat de gauche _____.

   a. a gagné   b. gagnait   c. avait gagné

10. Le résultat _____ personne !

    a. ne surprend   b. n'a surpris   c. n'avait surpris

11. L'élection de François Hollande _____ tous les socialistes

    a. a enchanté   b. enchantait   c. avait enchanté

12. qui _____ au pouvoir depuis 1995.

    a. n'ont pas été   b. n'étaient pas   c. n'avaient pas été

Nom: _____ Date: _____

04-29 « Il faut voter ! » dit Beth. Mettez les verbes entre parenthèses **au passé composé, à l'imparfait** ou **au plus-que-parfait,** selon le cas. Faites tous les changements nécessaires.

Je me souviendrai toujours de la première fois que je/j' (1) _____ (voter).

Je/J' (2) _____ (avoir) 18 ans et c'était une élection présidentielle. Je/J'

(3) _____ (étudier) tous les candidats et leurs idées politiques bien avant la date

de l'élection et je/j' (4) _____ (écouter) tous les débats. Alors, le jour de l'élection,

je (5) _____ (se réveiller) très tôt. Je/J' (6) _____

(vouloir) arriver la première. Malheureusement, il (7) _____

(pleuvoir) et il y (8) _____ (avoir) des embouteillages. Quand je/j'

(9) _____ (arriver), je/j' (10) _____ (devoir) faire la

queue. « Mademoiselle, votre bulletin de vote. » Le monsieur (11) _____

(me donner) le bulletin et plusieurs pages d'explications. Quand je/j' (12) _____

(entrer) dans l'isoloir, je/j' (13) _____ (ne pas pouvoir) lire ! Je/J' (14)

_____ (oublier) mes lunettes ! Mais finalement en regardant de très près, je/j'

(15) _____ (remplir) les cases. Que j'étais fière d'avoir voté !

04-30 Le discours de Géraldine. Choisissez la forme du verbe qui convient.

Géraldine (1) [s'intéressait/s'était intéressée] à la politique depuis longtemps. Elle (2) [voulait/avait voulu]

devenir maire de sa ville pour pouvoir résoudre plusieurs problèmes. Elle (3) [savait/avais su] qu'il lui faudrait

faire un très bon discours pour convaincre les citoyens de l'élire. Du moins, c'est ce que lui (4) [disaient, avaient

dit] tous les experts qu'elle (5) [consultait/avait consultés]. Le lendemain de l'élection, elle (6) [a su/avais su]

qu'elle (7) [réussissait/avait réussi] à écrire un discours excellent, car elle (8) [gagnait/avait gagné] !

04-31 De Gaulle. Écoutez ce passage et ensuite choisissez **dans chaque ligne** les réponses qui conviennent.

1. Où Charles de Gaulle est-il né ?

   Lille   Paris   Le Nord   Le Sud

2. Décrivez sa famille.

   catholique   patriote   progressiste   traditionaliste

3. Quels sujets l'intéressent ?

   histoire   littérature   mathématiques   sciences

4. Quel rang a-t-il eu dans l'armée ?

   officier   sergent   sous-lieutenant   général

5. Que lui est-il arrivé pendant la Première Guerre Mondiale ?

   blessé   exécuté   hospitalisé   prisonnier

6. Comment s'appellent ses enfants ?

   Anne   Claire   Élisabeth   Philippe

7. Quel rôle a-t-il joué pendant la Deuxième Guerre Mondiale ?

   commandement   gouvernement   président   résistance

04-32 La Dernière Classe. Lisez cette histoire qui se passe en 1871, après l'annexion de l'Alsace et de la Lorraine par la Prusse (l'Allemagne). Choisissez toutes les réponses qui conviennent.

Ce matin-là, j'étais très en retard pour aller à l'école, et j'avais grand-peur d'être grondé[3], d'autant que

M. Hamel nous avait dit qu'il nous interrogerait sur les participes, et je n'en savais pas le premier mot.

Un moment l'idée me vint de manquer la classe et de prendre ma course à travers champs.

Le temps était si chaud, si clair on entendait les oiseaux chanter … et dans le pré[4] … les Prussiens qui faisaient

l'exercice. Tout cela me tentait bien plus que la règle des participes ; mais j'eus la force de résister, et je courus

bien vite vers l'école … et j'entrai tout essoufflé[5] dans la petite cour de M. Hamel.

[3] être grondé être réprimandé *to be scolded*
[4] un pré *meadow*
[5] essoufflé *out of breath*

D'ordinaire, au commencement de la classe, il se faisait un grand bruit qu'on entendait jusque dans la rue, les pupitres[6] ouverts, fermés, les leçons qu'on répétait très haut tous ensemble en se bouchant les oreilles pour mieux apprendre, et la grosse règle du maître qui tapait sur les tables :

« Un peu de silence ! » Je comptais sur tout ce train pour gagner mon banc sans être vu ; mais, justement, ce jour-là, tout était tranquille, comme un matin de dimanche. ... Il fallut ouvrir la porte et entrer au milieu de ce grand calme. Vous pensez si j'étais rouge et si j'avais peur !

Eh bien ! non. M Hamel me regarda sans colère et me dit très doucement :

« Va vite à ta place, mon petit Franz ; nous allions commencer sans toi. » J'enjambai le banc et je m'assis tout de suite à mon pupitre. Alors seulement, un peu remis de ma frayeur, je remarquai que notre maître avait sa belle redingote[7] verte ... qu'il ne mettait que les jours d'inspection ou de distribution de prix. Du reste, toute la classe avait quelque chose d'extraordinaire et de solennel. ... Pendant que je m'étonnais de tout cela, M. Hamel était monté dans sa chaire, et de la même voix douce et grave dont il m'avait reçu, il nous dit :

« Mes enfants, c'est la dernière fois que je vous fais la classe. L'ordre est venu de Berlin de ne plus enseigner que l'allemand dans les écoles de l'Alsace et de la Lorraine ... Le nouveau maître arrive demain. Aujourd'hui, c'est votre dernière leçon de français. Je vous prie d'être bien attentifs. » Ces quelques paroles me bouleversèrent[8].

« La Dernière Classe »

Alphonse Daudet (1840–1897), *Contes du Lundi*

---

[6]un pupitre un bureau

[7]une redingote *a coat*

[8]bouleverser *to move deeply*

A. Choisissez dans chaque ligne toutes les réponses qui conviennent.

1. Que se passe-t-il dans la vie du narrateur ce matin-là ?

   est en retard // fait des courses // a une interrogation // a peur

2. Décrivez la matinée.

   fait chaud // cloche sonne // oiseaux chantent // l'armée s'exerce

3. Que voudrait faire le narrateur ce matin-là ?

   aller voir son grand-père // courir dans le pré // grimper aux arbres //manquer l'école

4. Habituellement, qu'est-ce qu'on entend quand la classe commence ?

   du bruit // les pupitres // les leçons // la règle du maître

5. Ce matin-là, comment est l'atmosphère de la classe ?

   calme // extraordinaire // solennelle // tranquille

6. Comment est la voix du maître ?

   douce // grave // patiente // sèche

7. Qu'a décidé Berlin ?

   fermeture de l'école // nouveau maître // davantage de français // enseignement de l'allemand

B. Relevez les verbes au plus-que-parfait et donnez l'infinitif de ces verbes.

8. _____   a. _____

9. _____   b. _____

C. Relevez les verbes au passé simple et donnez l'infinitif de ces verbes.

10. _____   a. _____

11. _____   b. _____

12. _____   c. _____

13. _____   d. _____

14. _____   e. _____

15. _____   f. _____

16. _____   g. _____

17. _____   h. _____

18. _____   i. _____

19. _____   j. _____

20. _____   k. _____

21. _____   l. _____

 04-33 Elisabeth visite Champlain. Écoutez le passage et ensuite répondez aux questions en choisissant **toutes** les options qui conviennent.

1. Où est-ce qu'Elisabeth est allée ?

  a. à Champlain

  b. à Québec

  c. au Canada

  d. au Nouveau-Brunswick

2. À quels aspects de l'accent québécois est-ce qu'Elisabeth a dû s'habituer ?

    a. aux anglicismes

    b. à l'intonation

    c. au vocabulaire ancien

    d. à l'argot français

3. Qu'est-ce qui caractérise le village de Champlain ?

    a. une magnifique vue sur le Saint-Laurent

    b. des marchés touristiques

    c. des églises anciennes

    d. la côte

4. Pourquoi Elizabeth est-elle restée deux jours à Champlain ?

    a. pour visiter l'observatoire

    b. pour faire une randonnée

    c. pour parler avec les habitants du village

    d. pour visiter des galeries d'art

04-34 Dictée : Les ancêtres d'Elisabeth. Vous allez écouter ce récit en entier. Puis chaque phrase sera relue et vous la retranscrirez.

_____

_____

_____

_____

_____

_____

_____

_____

04-35 Mots croisés. Complétez avec les mots qui conviennent.

Horizontalement

2. chaos politique

3. membre d'un état démocratique

4. ennemi

10. feuille sur laquelle on exprime un vote

11. première personne pluriel de *choisir*, à l'imparfait

Verticalement

1. homme d'État

5. contraire de démocratie

6. participe passé de *savoir*

7. participe passé de *connaître*

8. *a été*, passé simple

9. participe passé d'*apprendre*

5 La France : un kaléidoscope social

Prononciation

 05-01 Quelques mots. Prononcez et enregistrez les mots suivants. Attention à la prononciation du [ø] e fermé (peu) et du [œ] e ouvert (peur).

ø	œ
1. milieu	11. mœurs
2. revenu	12. jeune
3. pauvreté	13. supérieur
4. vieux	14. seul
5. nerveux	15. immeuble
6. vœux	16. voleur
7. généreux	17. bonheur
8. regarde	18. inférieur
9. heureux	19. malheur
10. lequel	20. sœur

 05-02 Encore des mots. Écoutez les mots suivants et signalez le son que vous entendez.

1. ø   œ   6. ø   œ

2. ø   œ   7. ø   œ

3. ø   œ   8. ø   œ

4. ø   œ   9. ø   œ

5. ø   œ   10. ø   œ

Vocabulaire

05-03 Les classes sociales. Choisissez le mot qui correspond à chaque définition.

_____ 1. une fête
a. les mœurs

_____ 2. une personne récemment devenue riche
b. être bien élevé

_____ 3. monter à cheval
c. faire partie de

_____ 4. l'ensemble des gens pauvres
d. les classes défavorisées

_____ 5. être membre de
e. le mode de vie

_____ 6. promenades de longue durée
f. un nouveau riche

_____ 7. comportement lié à la culture
g. être aisé

_____ 8. se comporter comme il faut
h. une soirée

_____ 9. le style de vie
i. faire de l'équitation

_____ 10. avoir suffisamment d'argent
j. des randonnées

05-04 Qu'en pensez-vous ?

05-04 A Jill, une Américaine qui étudie en France, rentre chez elle. Elle trouve Christine, sa colocataire française, en train de regarder son émission de télévision préférée. Écoutez leur conversation.

A. Maintenant, indiquez la réponse correcte aux questions que vous entendez :

1. 🔊

a) 🔊   b) 🔊   c) 🔊   d) 🔊

2. 🔊

a) 🔊   b) 🔊   c) 🔊   d) 🔊

3. 🔊

a) 🔊   b) 🔊   c) 🔊   d) 🔊

4. 🔊

  a) 🔊   b) 🔊   c) 🔊   d) 🔊

5. 🔊

  a) 🔊   b) 🔊   c) 🔊   d) 🔊

B. Répondez en choisissant **toutes** les options qui conviennent.

6.

    a. Elle fait partie de l'élite.

    b. Elle préfère les joueurs de tennis.

    c. Elle est plus sophistiquée que Philippe.

    d. Rachel connaît le niveau de vie de la classe sociale de Philippe.

7.

    a. La famille de Rachel admire la famille de Philippe.

    b. La famille de Rachel aurait honte de recevoir la famille de Philippe.

    c. La famille de Rachel n'aime pas les pauvres.

    d. La famille de Rachel n'accepterait pas la famille de Philippe.

8.

    a. l'équitation

    b. le tennis

    c. l'escrime

    d. la voile

9.

    a. Ils ne comprennent pas le système d'éducation français.

    b. Ils ne comprennent pas les émissions françaises.

    c. Ils pensent que tout le monde appartient à la classe moyenne.

    d. Ils n'apprécient pas les nuances sociales en France.

05-04B À vous de parler. Enregistrez vos réponses aux questions suivantes.

1. Que pense Christine des mariages où les deux fiancés ne sont pas de la même classe sociale ?

2. Est-ce que Jill partage son opinion ? Élaborez.

3. Quels éléments contribuent à définir la classe sociale en France ? Aux États-Unis ?

4. Comment interprèteriez-vous la situation de Rachel et Philippe ?

05-05 Mon oncle est-il vraiment snob ? Complétez le passage à l'aide des mots de la liste. N'oubliez pas de conjuguer les verbes, lorsqu'il le faut, et de faire tous les changements nécessaires.

avoir mauvais genre	arriviste	HLM
avoir de bonnes manières	dénigrer	SDF
quartier pauvre	savoir-faire	taudis
gravir les échelons		

Au premier abord, mon oncle Marc semble très snob. Il (1) _____

tous les (2) _____ qu'il rencontre dans les rues de Paris et il critique les gens qui

(3) _____ . Il croit que les villes ne devraient pas construire de

(4) _____ . On dirait qu'il n'a pas du tout pitié des pauvres. Cependant, quand on

apprend l'histoire de son enfance, on comprend mieux son attitude, même si on n'est pas d'accord.

Mon oncle Marc est, en fait, né dans un (5) _____ et la maison de ses parents n'était

qu'un (6) _____ . Très jeune, oncle Marc voulait à tout prix sortir de cette situation.

Comme c'était un garçon intelligent et plein de (7) _____ , il a très

vite su comment (8) _____ de la hiérarchie sociale. Il a non seulement travaillé

très sérieusement à l'école pour ensuite aller à l'université, mais il a aussi soigneusement étudié le

comportement des gens qui (9) _____ . Mon oncle Marc est-il un

(10) _____ ? Je ne sais pas, mais je comprends que son attitude envers les gens

découle de son enfance pauvre.

Qu'en pensez-vous ?

05-06 A Plus tard, Jill veut continuer la conversation sur la perspective française et américaine en matière de classe sociale.

A. Indiquez si les phrases que vous entendez sont vraies (Vrai) ou fausses (Faux).

1. Vrai   Faux
2. Vrai   Faux
3. Vrai   Faux
4. Vrai   Faux
5. Vrai   Faux

B. Répondez en choisissant **toutes** les options qui conviennent.

6.

    a. On a aboli les classes sociales au temps de la Révolution américaine.

    b. Tout le monde a la possibilité de réussir.

    c. Tout le monde peut aller à l'université.

    d. Chacun a la possibilité de devenir riche.

7.

    a. Il faut étudier beaucoup.

    b. Il faut travailler dur.

    c. Il faut être créatif.

    d. Il faut être gentil.

8.

    a. Il faut être né noble.

    b. Il faut une formation qui insiste sur la politesse.

    c. Il faut gagner de l'argent.

    d. Il faut réussir professionnellement.

9.

    a. les acteurs

    b. les parvenus

    c. les chanteurs

    d. les chefs d'entreprise

10.

    a. parvenir

    b. faire un effort

    c. chanter

    d. réussir individuellement

Nom: _____   Date: _____

05-06B À vous de parler. Enregistrez vos réponses aux questions suivantes.

1. Que pense Christine des classes sociales américaines ?

2. Comparez les idées de Christine et de Jill sur les classes sociales en Amérique et en France.

3. À votre avis, de quels éléments doit-on tenir compte quand on parle de la classe sociale d'une personne ?

05-07 Distinctions. Écrivez le nom qui correspond à l'adjectif que vous entendez. Ajoutez l'article qui convient.

MODÈLE :   Vous entendez : riche

              Vous écrivez : *la richesse*

1. _____   6. _____

2. _____   7. _____

3. _____   8. _____

4. _____   9. _____

5. _____   10. _____

Les pronoms interrogatifs

05-08 Quelle est la question ? Indiquez le pronom interrogatif de la colonne de droite qui correspond à la réponse dans la colonne de gauche.

_____ 1. Une intervention sur la parité sociale va avoir lieu.   a. de quoi ?

_____ 2. D'abord, nous avons contacté le maire.   b. qu'est-ce que ?

_____ 3. Le maire a dit qu'il n'avait pas le temps d'intervenir.   c. qu'est-ce qui ?

_____ 4. Ensuite, le président de notre association a accepté de parler.   d. qui est-ce que ?

_____ 5. Il va parler de l'aide que notre association fournit aux SDF.   e. qui ?

© 2015 Pearson Education, Inc.

05-09 Diversité sociale. Choisissez la question qui convient.

1. … un clochard ? Est-ce un mendiant ?
   - a. Qui
   - b. Qu'est-ce qui
   - c. Qu'est-ce qu'
   - d. Qu'

2. … caractérise l'exclusion sociale ? Certainement la pauvreté.
   - a. Que
   - b. Qu'est-ce qui
   - c. Qu'est-ce que
   - d. Quoi

3. … appartient à la bourgeoisie ? Les médecins ? Les avocats ? Les commerçants ?
   - a. Qu'est-ce qui
   - b. Qui est-ce qui
   - c. Qu'est-ce que
   - d. Que

4. … peut-on faire pour diminuer les inégalités sociales ?
   - a. Quoi
   - b. Qu'est-ce que
   - c. Que
   - d. Qu'est-ce qui

5. … vit dans ces appartements luxueux ? Des cadres ou des médecins ?
   - a. Qui
   - b. Qu'est-ce qui
   - c. Qu'est-ce que
   - d. Quoi

6. … les enfants d'ouvriers ont-ils besoin pour réussir ? En dehors d'une bonne instruction et de diplômes ?
   - a. De quoi est-ce que
   - b. Qu'est-ce que
   - c. De quoi
   - d. Que

05-10 Questions sociologiques : la France et les États-Unis. Choisissez l'interrogation qui convient.

1. [Qui est-ce qui/Qu'est-ce qui] définit la classe sociale d'une personne en France ?

2. [Que/Qu'est-ce que] doit-on faire pour réussir aux États-Unis ?

3. [Qui/Qui est-ce que] a un salaire plus élevé en France ? Un professeur ou un ouvrier ?

4. [Qu'est-ce que/Qui est-ce que] les Américains respectent le plus ? Un professeur ou un PDG ?

5. De [que/quoi] a-t-on besoin pour sortir d'une classe défavorisée en France ? Aux États-Unis ?

05-11 Une pièce de théâtre irrésistible. Remplacez les traits par **qui, qui est-ce qui, qui est-ce que, qu'est-ce qui, qu'est-ce que** ou **quoi,** selon le cas.

— (1) _____ tu as fait hier soir ?

— Moi ? Je suis allé voir la nouvelle mise en scène d'une pièce de théâtre de Molière.

— De Molière ? (2) _____ est-ce ?

— C'est un dramaturge du XVIIème siècle.

— Avec (3) _____ y es-tu allé ?

— J'y suis allé avec Louise et Marc.

— Alors, raconte-moi l'histoire. (4) _____ se passe dans cette pièce ?

De (5) _____ s'agit-il exactement ?

— C'est l'histoire d'un vieil avare[1] ridicule qui veut se marier.

— (6) _____ il veut épouser ?

— Il veut épouser une belle jeune femme qui ne l'aime pas du tout.

— De (7) _____ est-ce que la jeune femme est amoureuse ?

— Elle est amoureuse d'un beau jeune homme, le neveu de l'avare.

— (8) _____ la jeune femme fait pour ne pas épouser l'avare ? Et le jeune homme,

(9) _____ fait-il pour empêcher son oncle de l'épouser ?

— Tu as trop de questions. Tu devrais aller voir la pièce toi-même.

— C'est une bonne idée. Mais, à ton avis, (10) _____ je devrais contacter pour

acheter un billet ?

— Tu dois aller directement au théâtre. Il y a un agent là-bas qui pourra t'aider.

— J'ai un autre souci. Je ne veux pas y aller seul. (11) _____ pourrais-je inviter ?

— Invite Marianne. Elle est très gentille et elle t'aime bien.

_____
[1] miser

— Mais tu sais, je suis très timide. (12) _____ je lui dirai pour la convaincre de venir

avec moi ?

— (13) _____ tu as pour être si timide ? (14) _____

t'est arrivé pour que tu manques autant de confiance en toi ? Il s'agit tout simplement d'inviter une jeune

fille sympa à une pièce de théâtre. Ce n'est pas une situation très stressante. C'est pour s'amuser !

— (15) _____ veux-tu ? C'est moi. Je manque d'assurance …

05-12 Ma ville. Lisez ce texte et formulez des questions en choisissant le pronom interrogatif qui convient.

Dans ma ville, on voit des SDF dormir dans les jardins publics. Ce n'est pas légal mais il n'y a pas assez de foyers

pour les héberger la nuit. Pourtant, dans ma ville, la plupart des habitants sont riches et possèdent de belles

maisons. Ils ont même des villas à la campagne où ils passent les week-ends. Dans ma ville, les inégalités sociales

sont évidentes et souvent les gens se sentent gênés face à la pauvreté. Heureusement, nous avons un maire

moderne qui veut faire bâtir plus de maisons à loyers modérés en respectant l'environnement et la qualité de la vie.

1. _____ voit-on dormir dans les parcs ?
   a. Qu'est-ce qui   b. Qui   c. Qu'est-ce que

2. _____ dorment-ils dans les jardins ?
   a. Combien   b. Comment   c. Pourquoi

3. _____ la plupart des habitants aisés possèdent ?
   a. Qu'est-ce que   b. Qu'est-ce qui   c. Qui est-ce que

4. _____ les gens vont-ils le week-end ?
   a. Comment   b. Où   c. Quand

5. _____ est évident dans la ville ?
   a. Qu'est-ce qui   b. Qui est-ce qui   c. Qu'est-ce que

6. _____ se sent gêné face à la pauvreté ?
   a. Qu'est-ce qui   b. Qui est-ce qui   c. Qu'est-ce que

7. _____ veut faire bâtir plus de maisons à loyers modérés ?
   a. Qu'est-ce qui   b. Qui est-ce que   c. Qui

8. _____ le maire veut respecter ?
   a. Qu'est-ce qui   b. Qui est-ce que   c. Qu'est-ce que

Les pronoms interrogatifs *lequel, laquelle, lesquels, lesquelles* et les formes contractées, *duquel, auquel,* etc.

05-13 Préférences. Complétez avec la forme de **lequel** qui convient. Ajoutez les prépositions **à** ou **de,** si nécessaire, et faites toutes les contractions.

1. Le maire a proposé deux solutions pour les quartiers pauvres. _____ préférez-vous ?

2. Vous compariez deux films, mais _____ parlez-vous maintenant ?

3. Nous voulons nous abonner à plusieurs magazines. À votre avis _____ devrions-nous nous abonner ?

4. On a vu plusieurs films avec Gérard Depardieu. _____ aimes-tu le mieux ?

5. Voilà ma pâtisserie préférée. Choisissons plusieurs petites tartes. Regarde-les !
_____ as-tu envie ? Tu peux en avoir plusieurs.

6. Voilà un guide de Paris et un guide de l'Île de France. _____ avez-vous besoin ?

7. Tu fais partie de plusieurs équipes de sports ? Mais _____ ?

8. J'ai un stylo Mont Blanc et un stylo Parker. Avec _____ préfères-tu écrire ?

9. C'est le festival Molière et on présente plusieurs de ses pièces en ce moment.
_____ voudrais-tu assister ce soir ? À *L'Avare* ou à *L'École des femmes* ?

10. Tu dis que tu as rendu tous mes livres ? Mais _____ ? Je ne les ai pas tous trouvés.

05-14 Annie Ernaux. Complétez avec une forme de **lequel**.

1. Annie Ernaux a vécu dans une petite ville de Normandie.

    Ah oui, dans _____ ?

2. Beaucoup d'oncles et tantes d'Annie Ernaux étaient alcooliques.

    Vraiment, _____ ?

3. Les parents d'Annie sont devenus propriétaires d'un petit commerce.

    _____ ?

4. La mère d'Annie Ernaux voulait échapper à son destin.

    _____ ? La pauvreté? L'alcool?

5. Annie se souvient bien des réunions de famille.

    _____, en particulier ?

6. Annie Ernaux décrit un rêve de son père dans son roman *La Place*.

   _____ ?

7. L'auteure critique les idées de son milieu d'origine.

   Ah bon, _____ ?

8. Annie Ernaux ne s'intéressait pas aux goûts simples de son père.

   _____ ?

Les adjectifs interrogatifs

05-15 Encore des préférences. Remplacez le tiret par la forme de **quel** qui convient.

1. _____ pièce de Shakespeare préfères-tu ?

2. _____ stylo aimes-tu le mieux ?

3. _____ films de Truffaut as-tu vus ?

4. _____ idées te plaisent le mieux ?

5. _____ histoire paraît être la vraie ?

05-16 Adjectifs interrogatifs. Prestige. Choisissez l'adjectif interrogatif qui convient.

1. [Quel/Quelle] mode de vie te plaît le plus ?

2. [Quels/Quelles] mœurs signalent les classes privilégiées en France ?

3. Sais-tu [quel/quelle] est le revenu annuel du PDG de L'Oréal ?

4. À [quel/quelle] milieu social appartenaient tes grands-parents ?

5. À [quels/quelles] sports la classe ouvrière s'intéresse-t-elle habituellement ?

Pronoms, adjectifs et adverbes interrogatifs

05-17 James, le SDF. Écoutez l'entretien de James et ensuite indiquez si les phrases sont vraies ou fausses.

1. vrai   faux   8. vrai   faux

2. vrai   faux   9. vrai   faux

3. vrai   faux   10. vrai   faux

4. vrai   faux   11. vrai   faux

5. vrai   faux   12. vrai   faux

6. vrai   faux   13. vrai   faux

7. vrai   faux

05-18 Entretien avec James, SDF parisien. Utilisez un pronom, un adjectif, ou un adverbe interrogatif pour complétez les questions.

MODÈLE :   <u>Où</u> avez-vous vécu avant de venir à Paris ?

                 J'ai vécu à La Rochelle avant de venir à Paris.

1. _____ habitez-vous ?

    J'habite dans une vieille maison abandonnée.

2. Avec _____ vivez-vous ?

    Je vis avec plusieurs amis.

3. _____ chambres y a-t-il dans la maison ?

    Il y a trois chambres dans la maison.

4. _____ s'occupe du ménage ?

    Mon amie Malika et les locataires s'occupent du ménage.

5. _____ a trouvé la maison ?

C'est moi qui ai trouvé la maison.

6. _____ sont vos ressources ?

Nos ressources sont les aides financières et le travail quelquefois.

7. _____ faites-vous dans la journée ?

Nous faisons la manche et nous faisons des petits boulots dans la journée.

8. _____ petits boulots faites-vous ?

Voilà les petits boulots que je fais : du jardinage et la distribution des journaux.

9. _____ recevez-vous une pension ?

J'en reçois une parce que j'ai été blessé pendant mes années dans l'armée.

10. _____ est le plus difficile dans cette vie ?

L'insécurité est le plus difficile dans cette vie.

05-19 Carla Bruni. Choisissez la forme de **lequel** ou de **quel** qui convient.

1. — De _____ pays Carla Bruni vient-elle ?

Elle est italienne.

a. quel   b. lequel

2. — De ces deux villes, Rome et Turin, dans _____ est-elle née ?

Elle vient de Turin, il me semble.

a. quelle   b. laquelle

3. _____ profession exerçaient ses parents ?

Ils étaient artistes et son père est devenu industriel.

a. Quelle   b. Lesquelles

4. _____ de ces deux instruments sa mère jouait-elle : le piano ou le violon ?

Elle était pianiste.

a. Duquel   b. Lesquels

5. — Et Carla, _____ instruments a-t-elle appris ?

Le piano et la guitare.

a. quels   b. lesquels

6. — Elle a fait des études n'est-ce pas ? _____ ?

Elle a commencé des études d'architecture mais elle a arrêté.

a. Quelles   b. Lesquelles

7. — Pourquoi ? _____ carrière a-t-elle commencée ?

Elle est devenue mannequin.

a. Quelle   b. Laquelle

8. — J'ai entendu dire qu'elle était chanteuse. _____ de ces chanteurs l'a aidée : Julien Clerc ou Maxime Le Forestier ?

Julien Clerc. Elle a fait des chansons pour lui.

a. Quel   b. Lequel

9. — Elle a eu de nombreuses aventures. Est-ce vrai ? Avec _____ personnalités ?

Mick Jagger, Vincent Perez entre autres et naturellement elle s'est mariée avec l'ancien président de la République.

a. quelles   b. lesquelles

10. — _____ ?

Nicolas Sarkozy, bien sûr et elle a eu une petite fille avec lui.

a. Quel   b. Lequel

Réflexion culturelle

05-20 Journal de réflexions personnelles. Que pensez-vous du texte de Yann Ohnona, « Semblant de Domicile Fixe » ? Est-ce que le mode de vie des SDF de l'article est un choix ou une nécessité ?

_____

_____

_____

_____

_____

_____

Pronoms possessifs

05-21 Isabella et Brigitte parlent de leur famille respective. Écrivez ce que Brigitte dit.

MODÈLE :   Vous entendez :   Mes grands-parents sont d'origine espagnole.

Vous écrivez :   *Les miens* sont parisiens.

1. _____ vient d'un milieu aisé.

2. _____ était fille d'ouvrier.

3. _____ se sont rencontrés à une soirée dansante.

4. _____ s'inquiétaient du choix de leur fille.

5. _____ a été bien accueilli par _____.

6. _____ ont fait des mariages plus modernes.

05-22 Le patron Sélectionnez la réponse qui convient.

1. C'est ton patron, là-bas ?

   a. Oui, c'est le mien.   b. Oui, c'est le tien.   c. Oui, c'est le sien.

2. La Mercedes grise ? C'est sa voiture ?

   a. Oui, c'est la mienne.   b. Oui, c'est la sienne.   c. Oui, c'est la nôtre.

3. Et la grande villa au bord du lac, est-ce qu'elle lui appartient à lui et à son épouse ?

   a. Oui, c'est la sienne.   b. Oui, c'est la nôtre.   c. Oui, c'est la leur.

4. Les grands labradors qu'on voit dans leur jardin, à qui sont-ils ?

   a. C'est le sien.   b. Ce sont les miens.   c. Ce sont les leurs.

5. Tes enfants sont étudiants maintenant. Et ceux de ton patron ?

   a. Les miens sont plus jeunes. b. Les siens sont plus jeunes. c. Les tiens sont plus jeunes.

6. Au bureau, comment marche votre entente ?

   a. La mienne est parfaite.   b. La nôtre est parfaite.   c. La vôtre est parfaite.

Pronoms et adjectifs possessifs

05-23 Adjectifs et pronoms possessifs. Choisissez l'option qui correspond à la phrase.

_____ 1. Est-ce ton sac Longchamp ?   a. Oui, c'est la sienne.

_____ 2. Ce sont tes gants ?   b. Oui, ce sont les tiennes.

_____ 3. Est-ce l'idée de Paul ?   c. Oui, c'est le mien.

_____ 4. « Chérie, ce sont mes clés ? »   d. Oui, la leur est magnifique !

_____ 5. Tu as vu la villa de Paul et Pauline ?   e. Non, ce ne sont pas les miens.

05-24 J'adore les romans d'Annie Ernaux ! Remplacez les traits par le pronom ou l'adjectif possessif qui convient.

Annie Ernaux est un de (1) _____ auteurs préférés. J'ai lu presque tous

(2) _____ romans. Dans *Une femme*, Ernaux parle de

(3) _____ mère que (4) _____ sœurs et moi

pouvons comparer à (5) _____ . Comme la mère d'Ernaux,

(6) _____ mère n'a vécu que pour nous. Je pourrais dire la même chose de

(7) _____ père. En fait, maman et papa voulaient toujours tout faire pour

(8) _____ enfants. J'espère que (9) _____ parents à vous

sont aussi gentils que (10) _____ .

05-25 Annie Ernaux. Sélectionnez le possessif qui convient.

Dans [1. son, ses] romans, Annie Ernaux parle toujours de [2. son, sa] famille. Dans [3. son, sa] roman *La Place*, elle parle de [4. son, ton] père. Elle explique comment il a changé de milieu mais que [5. son, ses] goûts ont toujours été influencés par la campagne. Elle évoque le café-épicerie que [6. ses, leurs] parents ont acheté et [7. ses, leurs] difficultés à survivre quand les supermarchés ont été créés. Elle montre aussi comment [8. sa, ses] études l'ont détachée de [9. sa, son] milieu. En allant à l'université, elle commence à avoir honte de [10. ses, leurs] parents et commence à dire : « [11. Mes, Ses] parents sont des gens modestes. » Elle veut éviter le regard condescendant de [12. sa, son] futur mari en déclarant : « [13. Mon, Son] père est un homme simple. » Finalement, elle renie les manières de son père et de sa mère et de [14. son, leur] milieu en choisissant les valeurs de la bourgeoisie. Ce n'est que plus tard qu'elle revalorisera son père dans [15. sa, son] écriture.

Réflexion littéraire

05-26 Journal de réflexions personnelles sur le texte littéraire. Décrivez brièvement vos réactions au portrait de la mère d'Annie Ernaux. Si elle était votre mère, est-ce que vous seriez fier/fière d'elle ou est-ce que vous auriez honte d'elle ? Expliquez.

_____

_____

_____

_____

_____

_____

Négations

05-27 Que voyez-vous ? Choisissez la phrase qui correspond le mieux à l'image.

1.

2.

a. Je ne vois personne.

b. Je ne vais nulle part.

c. Je n'ai pas encore fini mon travail.

d. Je n'en ai aucune idée.

a. Je n'entends rien.

b. Je ne vois rien.

c. Je ne parle à personne.

d. Je n'ai jamais de problèmes.

3.

a. Je ne vais nulle part.

b. Personne ne m'appelle.

c. Je n'en ai aucune idée.

d. Rien ne m'intéresse.

05-28 Pas de soucis ! Trouvez dans la colonne de droite la négation logique qui correspond à la phrase affirmative de la colonne de gauche.

_____ 1. On comprend toujours le problème.

_____ 2. On a quelques problèmes.

_____ 3. Quelqu'un a un problème.

_____ 4. Il y a des problèmes partout.

_____ 5. On a encore des problèmes.

a. Il n'y a de problèmes nulle part.

b. On n'a plus de problèmes.

c. On ne comprend jamais le problème.

d. On n'a aucun problème.

e. Personne n'a de problème.

05-29 Qui est là ? Remplacez les traits par l'expression négative de la liste qui convient.

> rien   personne   plus   nulle part   ne aucun(e)   jamais   ni ne

Un soir, j'ai entendu quelqu'un frapper à ma porte. J'ai ouvert la porte mais je n'ai vu (1)

_____. « C'est bizarre », me suis-je dit. « Évidemment, je n'ai (2)

_____ entendu parce qu'il n'y avait (3) _____. »

Cependant, deux minutes plus tard, j'ai entendu quelqu'un sonner. « Encore ! Je ne veux (4)

_____ répondre à la porte. » Mais je n'ai pas pu résister et j'ai ouvert la porte

encore une fois. (5) _____ ! « Il n'y a (6) _____

(7) _____ à la porte. Vraiment je n'irai (8) _____

ouvrir la porte. » Mais, encore une fois quelqu'un a frappé. Je m'y suis précipité et voilà. Il y avait un pauvre

mendiant devant moi. « Qu'est-ce que vous voulez, monsieur ? Est-ce que vous vous moquez de moi ?

Où êtes-vous allé quand j'ai ouvert la porte ? » « Excusez-moi, monsieur. Je ne me moque pas de vous. Je

ne suis allé (9) _____ . La première fois, je me suis penché pour nouer mon

lacet°. La deuxième fois, c'était l'autre chaussure. Pourriez-vous, s'il vous plaît, me donner quelque

chose à manger ? Je n'ai (10) _____ mangé depuis deux jours. Je n'ai eu

(11) _____ repas. Je ne bois (12) _____ fume.

Je cherche du travail depuis plusieurs mois, mais je n'ai (13) _____ trouvé.

Je ne sais (14) _____ du tout ce que je deviendrai. Vraiment, je n'en ai

°*to tie my shoe*

(15) _____ idée. » J'ai eu tellement pitié de ce pauvre homme que je l'ai invité à

partager mon modeste repas et comme j'avais plusieurs réparations à faire, je l'ai embauché. Ai-je bien fait ?

Je crois que oui, parce qu'il est toujours avec moi.

05-30 Pierre-Henri est très snob. Écoutez les phrases suivantes et mettez les verbes de la réplique à la forme négative.

MODÈLE :   Tu es tout le temps prétentieux.

             Mais non, je *ne suis jamais* prétentieux.

1. Mais non, je _____ de vêtements classiques démodés.

2. _____ de mes amis _____ de manière précieuse.

3. Mais non, elle _____ de sarcastique à dire.

4. _____ fils à papa !

5. Mais non, ils _____ fermés _____ intolérants !

6. Ils _____ se distinguer _____.

7. Mais non, ils _____ à la monarchie.

8. Mais non, ils _____ quel mariage ils feraient !

05-31 Loisirs. Répondez aux questions suivantes en donnant le négatif des mots en gras.

1. Est-ce que vous allez **toujours quelque part** le weekend ?

Non, _____

2. Avez-vous vu **une pièce de théâtre** et **un film** le weekend dernier ?

Non, _____

3. Est-ce que **quelqu'un** vous a donné **quelque chose** de spécial pour votre fête d'anniversaire ?

Non, _____

05-32A Les amis de James. La négation. Mettez les phrases dans l'ordre qui convient.

1. [d'argent pas James et ses amis beaucoup ont n']

_____

2. [ne dit la police a quitter pas leur le local de]

_____

3. [fruits de ne craint Malika pas marché trouver au de]

_____

4. [dans personne la ne Gino peut parler à rue]

_____

5. [n' Malika a marché rien au trouvé]

_____

6. [jamais Beaubourg Gino à veut ne aller]

_____

7. [a James n' de famille contacts plus sa avec]

_____

8. [sa ni ni n'a James congélateur four dans cuisine]

_____

9. [fait de a amis des James n' d'études aucun]

_____

10. [personne demander James à ne voulait de l'aide]

_____

11. [nulle a local dans le il n' eu désordre de part y jamais]

_____

12. [la Petit Luc n' pas pour doué très mécanique est]

_____

05-32B James et ses amis. Enregistrez les phrases précédentes. Après les avoir enregistrées, écoutez-les.

05-33A Maryse cherche un appartement. Sélectionnez la négation qui convient.

Je dois trouver un appartement dans cette ville où je viens de trouver un emploi mais je ne connais [1. rien, aucun] quartier de cette ville. Je n'aime [2. nul, ni] le bruit ni la pollution. Peut-être dois-je acheter une maison en dehors de la ville. Évidemment, dans la banlieue, on ne trouve [3. nul, nulle part] de grands magasins. Pour l'instant, je n'ai [4. rien, plus] vu qui me plaise mais [5. personne, rien] ne m'a conseillée. Je [6. n'ai pas encore, n'ai plus] rencontré mes futurs collègues. Eux, pourraient sans doute me donner des idées. Je [7. ne vais pas, ne vais jamais] me faire de soucis. On [8. ne doit jamais, ne doit pas encore] se stresser dans la vie. Au pire, je resterai quelques semaines dans un hôtel.

5-33B Maryse cherche un appartement. Relisez le texte précédent. Dites si ces déclarations sont vraies ou fausses.

1. Maryse doit trouver un appartement parce qu'elle a divorcé.
   a. vrai   b. faux

2. Elle ne connaît pas la ville où elle doit s'installer.
   a. vrai   b. faux

3. Le bruit ne dérange pas Maryse.
   a. vrai   b. faux

4. Elle se demande si elle doit acheter une maison dans la banlieue.
   a. vrai   b. faux

5. Elle hésite parce qu'il est difficile de faire du shopping en dehors des grandes villes.
   a. vrai   b. faux

6. Beaucoup de personnes lui ont donné des conseils.
   a. vrai   b. faux

7. Elle ne connaît pas ses futurs collègues.
   a. vrai   b. faux

8. Maryse est pessimiste.
   a. vrai   b. faux

9. Elle se stresse énormément.

   a. vrai   b. faux

10. Elle pourrait rester dans un hôtel avant de trouver un logement.

   a. vrai   b. faux

05-34 La famille de ma mère. Écoutez le passage et ensuite répondez en choisissant **toutes** les options qui conviennent.

1. Décrivez la famille de la mère de la narratrice.

   a. Elle était pauvre.

   b. Elle était pessimiste.

   c. Elle était fière.

   d. Elle était courageuse.

2. Que faisaient les grands-parents de la narratrice pour survivre ?

   a. Sa grand-mère est devenue secrétaire.

   b. Son grand-père cultivait son propre jardin.

   c. Son grand-père travaillait au bureau.

   d. Sa grand-mère s'occupait des enfants.

3. Qu'a fait la mère de la narratrice ?

   a. Elle a gardé des enfants.

   c. Elle a beaucoup lu.

   b. Elle est devenue secrétaire.

   d. Elle est devenue comptable.

05-35 Dictée : Ma mère. Vous allez écouter ce récit en entier. Puis chaque phrase sera relue et vous la retranscrirez.

_____

_____

_____

_____

_____

_____

_____

5-36 Mots croisés.

Horizontalement

1. élégance raffinée

3. habitudes culturelles

6. personne pauvre qui demande de l'argent

7. nouveau riche

8. petite maison en très mauvais état

10. pronom interrogatif, personne

11. négation de *quelque chose*

Verticalement

1. élitiste

2. maison

4. argent qu'on gagne

5. négation de *souvent*

9. pronom interrogatif contracté masculin singulier

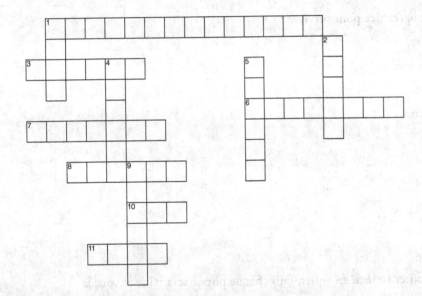

6 La France : icônes culturelles

Prononciation

06-01 Quelques mots. Prononcez et enregistrez les mots suivants. Attention à la prononciation du son [w] oi / oua / ouette (moi, louer) ; du son [ɥ] ui (lui, suite) ; du son [j] ille / aille / ouille (fille, paille).

w	ɥ	j
1. coiffeur	2. gratuit	3. chemisier
4. loisir	5. construit	6. couturier
7. choix	8. séduire	9. s'habiller
10. loin	11. cuisse	12. maquillage
13. voiture	14. habitué	15. tailleur
16. croix	17. huile	18. maillot
19. toi	20. attribué	21. mouille

Vocabulaire

06-02 Quelques professions. Spécifiez la profession basée sur ces activités.

MODÈLE : Vous entendez : charcuterie

Vous écrivez : *charcutier*

1. _____

2. _____

3. _____

4. _____

5. _____

6. _____

Nom: _____ Date: _____

06-03 Quelques nationalités. Donnez la nationalité des personnes habitant dans ces pays.

MODÈLE :   Vous entendez :   Chine

   Vous écrivez :   *chinois*

1. _____
2. _____
3. _____
4. _____
5. _____
6. _____

06-04 Ma sœur et moi, nous ne nous ressemblons pas ! Remplacez les traits par le mot ou l'expression de la liste qui convient. N'oubliez pas de conjuguer les verbes, lorsqu'il le faut, et de faire tous les accords et changements nécessaires.

| bon marché | boutiques | look | faire des achats | vitrine |
| haute couture | styliste | parfum | prêt-à-porter | se maquiller |

Ma sœur et moi avons des goûts très différents. Elle adore la (1) _____ et va dans

toutes les (2) _____ chic du quartier. Elle n'achète que ce qu'elle voit dans les

(3) _____ des meilleurs magasins, et elle reconnaît immédiatement la griffe de tous

les (4) _____ à la mode. Elle s'habille toujours élégamment, et ne sort jamais sans

(5) _____ ni sans mettre du (6) _____. Pour elle, le

(7) _____ est tout ce qui compte. Moi, par contre, je déteste faire du shopping et

faire attention à mon apparence. Quand je dois (8) _____, je cherche toujours du

(9) _____ et dans un magasin (10) _____. Vraiment,

ma sœur et moi ne nous ressemblons pas. On dirait que nous ne sommes pas de la même famille !

06-05 Qu'en pensez-vous ?

06-05A. C'est la période de Noël et Jean-Marc et Philippe parlent de ce qu'ils vont offrir à leurs copines. Écoutez leur conversation.

A. Maintenant, indiquez la réponse correcte aux questions que vous entendez :

1. 🔊

a) 🔊   b) 🔊   c) 🔊   d) 🔊

2. 🔊

a) 🔊   b) 🔊   c) 🔊   d) 🔊

3. 🔊

a) 🔊   b) 🔊   c) 🔊   d) 🔊

4. 🔊

a) 🔊   b) 🔊   c) 🔊   d) 🔊

5. 🔊

a) 🔊   b) 🔊   c) 🔊   d) 🔊

B. Répondez aux questions en choisissant **toutes** les options qui conviennent.

6.
    a. Elle a un style original.
    b. Elle préfère un style classique, mais correct.
    c. Elle se maquille avec soin.
    d. Elle ne porte pas beaucoup de maquillage.

7.
    a. le rouge à lèvres
    b. le fond de teint
    c. le mascara
    d. le blush

8.

    a. un pull-over en cachemire

    b. un parfum

    c. un foulard

    d. une boîte de maquillage

06-05B À vous de parler. Enregistrez vos réponses aux questions suivantes.

1. Pourquoi Philippe n'aime-t-il pas faire du shopping ?

2. Quelles sont les idées de Jean-Marc au sujet du parfum ?

3. Quel look Claire préfère-t-elle ?

4. Et vous ? Aimez-vous mieux le maquillage ou un look naturel ? Comment décririez-vous votre style ?

06-06 Faisons des courses ! Donnez le mot qui correspond à chaque définition.

_____ 1. les gens y vendent des choses très bon marché

_____ 2. ne plus être à la mode

_____ 3. le prix proposé

_____ 4. la présentation de la marchandise

_____ 5. regarder les vitrines des magasins

_____ 6. à prix réduit

_____ 7. changer la couleur de ses cheveux

_____ 8. quelqu'un qui crée des parfums

_____ 9. la compétition

_____ 10. un magasin qui vend une grande variété de produits

a. la concurrence

b. un parfumeur

c. l'étalage

d. faire du lèche-vitrines

e. se faire teindre les cheveux

f. un grand magasin

g. le marché aux puces

h. se démoder

i. le prix de vente

j. en solde

06-07 Choisissez qui porte ces vêtements : homme ou femme. Si hommes et femmes portent le vêtement, choisissez les deux.

1. homme   femme

2. homme   femme

3. homme   femme

4. homme   femme

5. homme   femme

6. homme   femme

7. homme   femme

8. homme   femme

9. homme   femme

10. homme   femme

06-08 Qu'en pensez-vous ?

06-08A. Jean-Marc et Philippe parlent du réveillon[1] du nouvel an.

A. Indiquez si les phrases suivantes sont vraies (Vrai) ou fausses (Faux).

1. Vrai   Faux

2. Vrai   Faux

3. Vrai   Faux

4. Vrai   Faux

5. Vrai   Faux

B. Répondez aux questions en choisissant toutes les options qui conviennent.

6.

    a. Il lui demande où il a passé Noël.

    b. Il lui demande ce qu'il va faire pour le nouvel an.

    c. Il lui demande s'il a passé un bon Noël.

    d. Il lui demande où il va aller pour le nouvel an.

7.

    a. Ils vont aller à Paris.

    b. Ils vont rester chez eux.

    c. Ils vont chez des amis.

    d. Ils vont chez Jean-Marc et Claire.

8.

    a. une nouvelle robe en laine

    b. un pull-over

    c. un imperméable

    d. une écharpe

9.

    a. Ils vont rester en ville.

    b. Ils vont à une soirée élégante.

    c. Ils vont à Paris.

    d. Ils vont à une grande fête.

10.

    a. un manteau

    b. une jupe

    c. une robe rouge

    d. un smoking

[1] Le réveillon est un repas de fête que l'on fait pendant la nuit de Noël ou du nouvel an.

06-08B À vous de parler. Enregistrez vos réponses aux questions suivantes.

1. Qu'est-ce que vous aimez faire pour le réveillon du nouvel an ?

2. Dites ce que vous avez fait pour un réveillon inoubliable.

3. Qu'est-ce que vous aimez porter pour le réveillon ? Décrivez votre tenue et votre look.

4. Est-ce que le réveillon est un bon moment pour une proposition de mariage ? Pourquoi oui ou pourquoi non ?

Pronoms relatifs

06-09 Caroline s'habille. Choisissez la phrase qui décrit le mieux chaque image.

_____ 1.

_____ 2.

_____ 3.

a. C'est une robe qui devrait très bien lui aller.

b. C'est la boutique où Caroline achète ses robes.

c. C'est la robe que Caroline vient d'acheter.

© 2015 Pearson Education, Inc.

06-10 Ma sœur mannequin ? Choisissez le pronom relatif qui convient.

Ma petite sœur, (1) [qui // que] est adorable et très belle, voudrait devenir mannequin. C'est un rêve (2) [qui // qu'] elle a depuis longtemps, en fait depuis qu'elle est toute petite. Les vêtements (3) [qui // qu'] elle choisit sont toujours à la mode, et elle connaît tous les magasins (4) [qui // où] on peut faire de très bons achats. Cependant, la carrière de ma petite sœur m'inquiète. Il n'est pas facile de devenir mannequin. Les mannequins doivent rester très minces et les régimes (5) [qui // que] les mannequins doivent suivre sont souvent trop extrêmes. Mais, que puis-je faire ? C'est la carrière (6) [que // dont] ma petite sœur rêve.

06-11 Devenir créateur de parfum n'est pas facile. Remplacez les traits par le pronom relatif (**qui, que, dont, où**) qui convient. N'oubliez pas de faire les contractions nécessaires.

Quand j'étais étudiante, j'ai fait la connaissance d'une jeune femme (1) _____ voulait être parfumeuse et (2) _____ s'appelait Nicole. À l'époque, Nicole avait déjà créé plusieurs parfums (3) _____ elle vendait dans de petites boutiques de la région. Je l'ai connue dans ma classe de français (4) _____ elle venait chaque jour en auditrice libre. Elle m'a expliqué que c'était une langue (5) _____ elle devait absolument maîtriser parce qu'elle voulait aller en France pour étudier l'art de la parfumerie. Elle voulait surtout aller à Grasse, la capitale de la parfumerie (6) _____ elle avait tant entendu parler. C'est là (7) _____ Nicole pourrait développer son nez et faire des expériences (8) _____ produiraient peut-être des parfums extraordinaires. Notre professeur de français, (9) _____ avait l'air très aimable, a donné la permission à Nicole de suivre le cours. Mais la prof avait des mobiles secrets (10) _____ elle cachait à tout le monde. Un homme (11) _____ elle était très amoureuse était aussi un parfumeur (12) _____ voulait créer le meilleur de tous les parfums, un parfum (13) _____ le rendrait riche et célèbre. Le parfum (14) _____ il avait besoin serait vraiment exceptionnel. Notre prof de français voulait alors que Nicole lui donne en échange des leçons de français la formule d'un parfum (15) _____ elle pourrait ensuite passer à son fiancé.

06-12A. Ma cousine Lara. Sélectionnez le relatif qui convient.

Ma cousine Lara [1. que, qui] adore la mode veut devenir styliste chez un grand couturier. Elle a appris à coudre toute petite. Elle faisait des vêtements de poupées et des napperons[2] [2. qu', qui] elle donnait à ses tantes. C'est une passion [3. qu', qui] ne l'a jamais quittée même quand elle a fait ses études de marketing. Finalement, elle s'est inscrite dans un institut [4. que, où] elle a pu apprendre l'industrie de la mode. Les cours [5. qu', où] elle a suivis comprenaient un enseignement artistique mais aussi pratique. Grâce au diplôme [6. qu', qui] elle a obtenu, elle a pu être engagée chez Lanvin. Ses parents sont très fiers de leur fille [7. qu', qui], au lieu de commencer une carrière dans les affaires, a écouté ses goûts. Ils espèrent qu'avec un master en marketing et une formation mode, elle inventera des modèles [8. que, qui] auront beaucoup de succès.

06-12B. Lara. Relisez le texte précédent. Dites si ces déclarations sont vraies ou fausses.

1. Lara veut devenir styliste de mode.

   a. vrai b. faux

2. C'est une passion qu'elle a découverte à l'adolescence.

   a. vrai b. faux

3. Quand elle était petite, elle faisait des dessins pour ses tantes.

   a. vrai b. faux

4. Lara a fait des études de marketing.

   a. vrai b. faux

5. Lara s'est inscrite dans une école de design.

   a. vrai b. faux

6. Dans son institut, elle a appris les techniques de l'industrie de la mode.

   a. vrai b. faux

7. Ses cours étaient théoriques.

   a. vrai b. faux

8. Son premier emploi était chez Dior.

   a. vrai b. faux

[2] un napperon *doily*

9. Ses parents regrettent son choix de profession.

    a. vrai   b. faux

10. Lara va inventer de nouveaux modèles de vêtements.

    a. vrai   b. faux

06-13 Mode et collections. Combinez les deux phrases à l'aide d'un des pronoms relatifs suivants : **qui, que, qu', dont, où.**

MODÈLE :   Vous entendez :   C'est Yves Saint Laurent. Il a créé cette robe.

                  Vous écrivez :   C'est Yves Saint Laurent *qui* a créé cette robe.

1. C'est un grand magasin _____ vend toujours des vêtements chic.

2. Voilà la robe de soirée _____ Jean-Paul Gaultier a créée.

3. C'est un mannequin _____ on parle beaucoup.

4. Voilà l'hôtel _____ le défilé de mode va avoir lieu.

5. C'est son maquillage _____ lui donne cet air sombre.

6. C'est un coiffeur _____ tout le monde raffole°.   *to adore, to be wild about*

7. Voilà une coupe de cheveux _____ lui va très bien.

8. Le foulard _____ elle porte vient de chez Hermès.

9. Juin et juillet sont les mois _____ les collections d'hiver commencent.

10. Elle a finalement trouvé la robe de mariée _____ elle rêvait.

06-14 Mode et vêtements. Sélectionnez le relatif qui convient.

1. La styliste _____ vous avez rencontrée travaille chez Yves Saint Laurent.

    a. dont   b. où   c. qu'   d. que   e. qui

2. La maison de couture _____ elle se souvient ne se trouve plus rue Saint Martin.

    a. dont   b. où   c. qu'   d. que   e. qui

3. Tous les vêtements _____ sont sur cette table sont en solde.

    a. dont   b. où   c. qu'   d. que   e. qui

4. La boutique _____ j'ai acheté cette eau de toilette est située sur les Champs Élysées.

    a. dont   b. où   c. qu'   d. que   e. qui

5. Chanel _____ les vêtements sont si classiques, était révolutionnaire pour son temps.

    a. dont   b. où   c. qu'   d. que   e. qui

6. Les costumes _____ Jean-Paul Gaultier crée sont portés par de nombreux artistes.

    a. dont   b. où   c. qu'   d. que   e. qui

7. Qui assiste aux défilés de mode _____ on entend parler à la télé ?

    a. dont   b. où   c. qu'   d. que   e. qui

8. Les places sont rares pour les défilés _____ les couturiers présentent leurs collections.

    a. dont   b. où   c. qu'   d. que   e. qui

Réflexion culturelle

06-15 Journal de réflexions personnelles. Après avoir lu l'article sur Guerlain, faites le portrait de cet homme. Quelle image avez-vous de ce parfumeur célèbre ?

_____

_____

_____

_____

_____

_____

Ce qui, ce que, ce dont

06-16 Rêves d'élégance. Indiquez l'option qui convient.

    a. ce qui   b. ce que   c. ce dont   d. ce qu'

Barbara est malheureusement née dans une famille pauvre. Tout (1) _____

elle a envie c'est de s'en sortir. (2) _____ lui plairait le plus serait de pouvoir

devenir mannequin. Elle fait (3) _____ elle peut pour réaliser ce rêve. Elle

fait attention à (4) _____ elle mange. Elle fait de l'exercice pour rester en forme et pour avoir une belle silhouette. Elle fait des économies pour pouvoir se permettre d'acheter

(5) _____ elle a besoin pour être belle : fond de teint, blush, rouge à lèvres,

mascara. Elle ne porte que (6) _____ lui va bien, mais comme elle a peu d'argent,

(7) _____ elle porte ne vient que des boutiques peu chères. Barbara en souffre

beaucoup, mais elle veut tellement changer de vie qu'il est certain qu'elle réussira.

06-17 Le poète Baudelaire. Complétez les phrases en choisissant le pronom relatif qui convient.

ce dont	ce que	ce qui	dont	où	que	qui

1. Quand on pense au poète Baudelaire, on pense tout de suite à un homme _____ aimait les femmes.

2. Les femmes _____ Baudelaire préférait portaient toujours du maquillage.

3. Parfois, le parfum d'une femme le transportait vers une île tropicale imaginaire _____ il imaginait des scènes exotiques.

4. Le poème _____ tout le monde parle peut-être le plus souvent s'intitule « Correspondances », mais ce n'est pas son meilleur poème.

5. Baudelaire craignait surtout de s'ennuyer, _____ explique pourquoi il cherchait constamment de nouvelles sensations.

06-18 Georges fait le difficile. Remplacez les traits par **ce qui, ce que, ce qu'** ou **ce dont**, selon le cas. Ajoutez **tout** lorsque c'est nécessaire.

Mon ami Georges est vraiment difficile parce qu'il ne peut jamais se décider. Quand nous allons au

restaurant, il ne sait jamais (1) _____ il veut manger. Si tu lui demandes

(2) _____ il a envie, il répond que (3) _____ il y a

sur la carte lui paraît délicieux. Alors, souvent, il décide de choisir un plat qu'il n'a jamais goûté, mais

(4) _____ le tente est souvent si rarement commandé que le restaurant ne

l'offre plus. Alors, j'essaie de proposer d'autres plats, mais (5) _____ je propose

lui semble si ordinaire qu'il ne veut plus rien manger. Il veut quitter le restaurant pour aller dans un autre,

(6) _____ me rend absolument fou ! Je meurs de faim et

(7) _____ j'ai besoin c'est un bon repas ! Dès ce moment, je ne m'intéresse plus

à (8) _____ je vais manger. Georges voit que je perds patience et que je meurs de faim. Alors, il me dit, « Je sais (9) _____ te plaira. Le nouveau restaurant de notre

quartier. Allons-y. On trouvera certainement (10) _____ tu auras envie. » Ensuite,

nous y allons, mais c'est toujours la même histoire. Georges est peut-être très aimable, mais qu'est-ce qu'il est

difficile !

06-19 Dialogue entre une vendeuse et un client difficile. Un client cherche un cadeau pour une
collaboratrice. Le client ne sait pas ce qu'il veut et répond aux questions de la vendeuse en disant qu'il ne sait
pas et en utilisant le pronom relatif indéterminé. Complétez la réponse du client à l'aide de **ce qui, ce que, ce
qu'** ou **ce dont,** selon le cas.

MODÈLE :   Vous entendez :   Voulez-vous acheter un sac ?

                Vous indiquez :   Je ne sais pas *ce que* je veux acheter.

1. Je ne sais pas _____ je désire.

2. Je ne sais pas _____ je cherche.

3. Je ne sais pas _____ elle veut.

4. Je ne sais pas _____ lui ferait plaisir.

5. Je ne sais pas _____ elle a envie.

6. Je ne sais pas _____ lui va bien.

7. Je ne sais pas _____ elle choisit.

8. Je ne sais pas _____ elle a besoin.

9. Je ne sais pas _____ elle met.

10. Je ne sais pas _____ elle aime.

11. Je ne sais pas _____ elles se servent.

12. Je ne sais pas _____ l'intéresse.

Réflexion littéraire

06-20 Journal de réflexions personnelles. Choisissez un des textes de Baudelaire, soit « Éloge du maquillage » soit « Parfum exotique ». Dans « Éloge du maquillage », à votre avis, est-ce que Baudelaire est sexiste ? Justifiez votre réponse. Pour « Parfum exotique » : Est-ce que vous aimeriez recevoir un tel poème de votre petit ami ? Pourquoi ou pourquoi pas ?

_____

_____

_____

_____

_____

_____

Pronoms relatifs après une préposition

06-21 Icônes de la France. Choisissez le relatif qui convient et enregistrez les phrases.

1. Le parfum est un produit de luxe _____ on pense quand on évoque la France.

   a. auxquels b. auquel c. duquel

2. Le vin rouge est la boisson avec _____ les Français aiment manger leur fromage.

   a. lequel b. lesquels c. laquelle

3. Marianne est le symbole _____ il a fait allusion lorsqu'il a parlé de la Statue de la Liberté.

   a. à laquelle b. auquel c. qu'

4. L'Arc de Triomphe près _____ tu as pris cette photo honore les soldats des guerres napoléoniennes.

   a. desquels b. lequel c. duquel

5. À Cannes, le jury choisit les films _____ on va donner la Palme d'or et les prix.

   a. auquel b. auxquels c. lesquels

6. Les femmes pour _____ Coco Chanel faisait des chapeaux appartenaient à l'aristocratie.

   a. lesquelles b. laquelle c. lesquels

Nom: _____ Date: _____

06-22 Mode et luxe. Complétez les phrases avec le relatif qui convient:

avec lesquelles	**pour laquelle**	**chez lequel**	**sur laquelle**
pour lesquelles	**dans laquelle**	**sur lesquels**	**avec lesquels**

1. Le couturier a changé la musique _____ les mannequins défilaient.

2. Jean-Paul choisit les essences florales _____ il fait un nouveau parfum.

3. Catherine Deneuve est la femme _____ Guerlain a créé le parfum *Nahéma*.

4. Elle vient d'acheter le tailleur et les chaussures _____ elle ira à la réception.

5. La qualité et l'esthétique, voilà les grands principes _____ nous basons nos produits.

6. La pression du marché et le coût des produits sont les raisons _____ certains parfumeurs créent des produits moins chers.

7. La boutique _____ Christine a trouvé ce sac est située sur les Champs Élysées.

8. Je crois connaître le couturier _____ Agnès a travaillé.

06-23A. Le coq gaulois. Sélectionnez le relatif qui convient.

Le coq gaulois est un symbole de la France (1) [que, qui, lequel] n'a jamais été officiellement choisi comme

emblème. Son origine date de la création de la Gaule mais la Révolution est le moment (2) [que, lequel, où]

le coq commence à symboliser l'identité nationale. Napoléon, (3) [que, qui, lequel] ne rêve que de conquêtes

et (4) [dont, que, lequel] l'ambition est démesurée, le remplace par un aigle. Même si le coq est un animal (5)

[auquel, lequel, que] on n'attribue pas que des vertus, il redevient un symbole national. Il a de nombreuses

qualités parmi (6) [que, laquelle, lesquelles] la fierté, le courage et l'énergie. Aujourd'hui, les joueurs de foot de

l'équipe de France portent un uniforme sur (7) [auquel, lequel, qui] figure un coq. On le voit aussi sur certains

monuments (8) [que, qui, lesquels] honorent les morts de la Première Guerre Mondiale.

06-23B Le coq gaulois. Relisez le texte précédent. Dites si ces déclarations sont vraies ou fausses.

1. Le coq est un symbole officiel de la France.

   a. vrai   b. faux

2. Le coq est devenu symbole de l'identité nationale au moment de la création de la Gaule.

   a. vrai   b. faux

© 2015 Pearson Education, Inc.

3. Napoléon avait de grandes ambitions.

    a. vrai   b. faux

4. Napoléon remplace le coq par un aigle.

    a. vrai   b. faux

5. Le coq a des défauts.

    a. vrai   b. faux

6. Le coq est courageux et fier.

    a. vrai   b. faux

7. Les joueurs de l'équipe de France ont une fleur de lys sur leur uniforme.

    a. vrai   b. faux

8. Le coq apparaît sur des monuments aux morts de la Seconde Guerre Mondiale.

    a. vrai   b. faux

06-24 Élégance. Remplacez les traits avec le pronom relatif qui convient (**lequel, laquelle, lesquels, lesquelles**). Ajoutez **à** ou **de,** si nécessaire, et faites toutes les contractions.

1. Le parfum _____ je pense s'appelle « Mystère ».

2. Le stylo avec _____ il préfère écrire est un Parker.

3. Les robes _____ ma sœur rêvait étaient toutes de Dior.

4. Il cherchait une cravate de soie originale pour _____ il était prêt à dépenser 100 euros.

5. Il voulait se faire faire un costume et une chemise sur mesure dans _____ il se sentirait à la fois à l'aise et distingué.

6. Le sac _____ elle s'intéresse vient de chez Hermès.

06-25 Défilés. Remplacez les traits avec le pronom relatif qui convient (**lequel, laquelle, lesquels, lesquelles**). Ajoutez **à** ou **de,** si nécessaire, et faites toutes les contractions.

1. Le mannequin cherchait les boucles d'oreille sans _____ elle ne pouvait défiler.

2. L'estrade sur _____ défilaient les mannequins était assez austère.

3. Les mannequins avec _____ Jean-Paul Gaultier travaille sont célèbres.

4. Le défilé _____ nous avons assisté présentait des couleurs fluo impossibles à porter.

5. Nous restons dans l'hôtel près _____ Christian Lacroix présente sa collection.

6. C'est la place autour _____ les journalistes s'étaient réunis pour interviewer les célébrités qui sortiraient des défilés.

06-26 La vie de mon frère. Remplacez les traits avec le pronom relatif qui convient (**lequel, laquelle, lesquels, lesquelles**). Ajoutez **à** ou **de,** si nécessaire, et faites toutes les contractions.

1. Le style de vie somptueux et égoïste _____ mon frère s'était habitué lui a causé des problèmes plus tard dans la vie quand il a perdu tout son argent.

2. Mon frère avait accumulé beaucoup de possessions sans _____ il ne pouvait plus vivre heureux.

3. C'est la raison pour _____ il a décidé de changer de vie.

4. Les biens matériels _____ mon frère était attaché auparavant ont soudainement perdu leur valeur.

5. Mon frère a décidé d'aller vivre dans une maison modeste à côté _____ se trouvait un orphelinat. Ainsi mon frère a pu se dévouer aux autres.

6. C'est ainsi que les besoins des autres _____ il pensait jour et nuit ont finalement rendu mon frère réellement heureux.

7. Mon frère a découvert que toutes les choses sur _____ il avait compté pour le rendre heureux n'avaient vraiment pas de valeur intrinsèque.

8. C'est ainsi que mon frère a trouvé le bonheur _____ il avait toujours rêvé.

06-27 D'autres icônes de la France. Combinez les phrases avec la forme du relatif **lequel** qui convient et ajoutez la préposition nécessaire.

MODÈLE :   Vous entendez :   Astérix et Obélix sont des Gaulois. Les Français ont beaucoup d'affection pour ces Gaulois.

                       Vous écrivez :   Astérix et Obélix sont des Gaulois *pour lesquels* les Français ont beaucoup d'affection.

1. Le fromage est un aliment _____ beaucoup de Français finissent leur repas.

2. Le Tour de France est une course _____ les Français se passionnent.

3. L'équipe de foot porte un maillot _____ il y a un coq.

4. Le champagne est une boisson _____ il n'y a pas de célébrations.

5. Les parfums _____ les Français sont attachés symbolisent la France.

6. Marianne, _____ on associe la mère patrie, est une icône de la République.

7. Le TGV est un train _____ on sert des repas complets.

8. De Gaulle est un héros _____ on pense quand on évoque la Deuxième Guerre Mondiale.

9. La place de la Concorde, _____ se trouve l'Obélisque, est la plus grande place de Paris.

10. Le jardin des Tuileries, au bout _____ on voit la place de la Concorde, accueille beaucoup de promeneurs le dimanche.

Pronoms relatifs, récapitulation

06-28 Emblèmes de la France. Associez le début de la phrase avec la suite qui convient.

_____ 1. Les lettres RF sont un monogramme

_____ 2. Le coq est un symbole de courage

_____ 3. La Marseillaise est un hymne de guerre

_____ 4. Marianne est une femme

_____ 5. Bleu, blanc, rouge sont les couleurs

_____ 6. L'arbre de la liberté est un emblème

_____ 7. L'hexagone est la figure géométrique

_____ 8. Liberté, Égalité, Fraternité est la devise

a. dont on parle peu.

b. pour laquelle les révolutionnaires se sont battus.

c. qui figure encore sur les bâtiments publics.

d. dont la violence a été critiquée.

e. qui représente le mieux la forme de la France.

f. que les équipes mettent sur leur maillot[3].

g. à laquelle on associe l'idée de liberté.

h. que la Révolution choisit pour son drapeau.

06-29 Parfums. Choisissez la phrase correcte.

1. C'est un parfum. Ce parfum coûte assez cher.

   a. C'est un parfum que coûte assez cher.

   b. C'est un parfum qui coûte assez cher.

   c. C'est un parfum lequel coûte assez cher.

2. Elle aime l'eau de toilette. Son ami lui a donné cette eau de toilette.

   a. Elle l'aime l'eau de toilette que son ami lui a donnée.

   b. Elle l'aime l'eau de toilette dont son ami lui a donnée.

   c. Elle l'aime l'eau de toilette qui son ami lui a donnée.

3. *Shalimar* est un parfum odorant. On ne se fatigue jamais de ce parfum.

   a. *Shalimar* est un parfum odorant qu'on ne se fatigue jamais de.

   b. *Shalimar* est un parfum odorant dont on ne se fatigue jamais.

   c. *Shalimar* est un parfum odorant duquel on ne se fatigue jamais.

[3] un maillot *jersey*

4. Elle a acheté un parfum. Son amie lui avait recommandé ce parfum.

    a. Elle a acheté un parfum que son amie lui avait recommandé.

    b. Elle a acheté un parfum qui son amie lui avait recommandé.

    c. Elle a acheté un parfum dont son amie lui avait recommandé.

5. Tu connais la parfumerie ? Il y a acheté sa lotion après-rasage.

    a. Tu connais la parfumerie qu'il a acheté sa lotion après-rasage ?

    b. Tu connais la parfumerie où il a acheté sa lotion après-rasage ?

    c. Tu connais la parfumerie dont il a acheté sa lotion après-rasage ?

6. Connais-tu ce parfum ? Ma mère a envie de ce parfum.

    a. Connais-tu ce parfum dont ma mère a envie ?

    b. Connais-tu ce parfum que ma mère a envie ?

    c. Connais-tu ce parfum lequel ma mère a envie de ?

7. Ce parfum a été créé au dix-neuvième siècle. On utilisait des produits naturels à cette époque.

    a. Ce parfum a été créé au dix-neuvième siècle, époque quand on utilisait des produits naturels.

    b. Ce parfum a été créé au dix-neuvième siècle, époque qu'on utilisait des produits naturels.

    c. Ce parfum a été créé au dix-neuvième siècle, époque où on utilisait des produits naturels.

06-30 Le parfum. Complétez les phrases de la colonne de gauche en choisissant l'option de la colonne de droite qui convient.

_____ 1. *J'adore*, c'est le parfum de Dior …

_____ 2. Un « nez » est une personne …

_____ 3. Un vrai gourmet refuse d'aller au restaurant avec quelqu'un …

_____ 4. C'est la seule boutique …

_____ 5. Quand on évoque Guerlain, *Shalimar* c'est le parfum …

a) auquel on pense le plus souvent.

b) que l'actrice Charlize Theron représente.

c) dont l'odorat est hypersensible.

d) qui s'est trop parfumé.

e) qui vende ce parfum.

06-31 La jeunesse de Christian Dior. Remplacez les traits par le pronom relatif qui convient (**qui, que, où, dont, lequel, etc., auquel, etc. duquel, etc.**).

Le styliste Christian Dior est né à Granville en 1905, dans une famille riche (1)

_____ va vivre en 1910 à Paris (2) _____ Dior

a passé la plupart de sa vie. À l'université, Dior a commencé par étudier les sciences politiques (3)

_____ il ne s'intéressait pas du tout et (4) _____

il a vite abandonnées pour le dessin. Dior a décidé de visiter l'Union Soviétique et quand il est revenu en

France, il a découvert que son partenaire avec (5) _____ il avait ouvert une galerie

d'art était financièrement ruiné. Par la suite, Dior est tombé gravement malade, mais on ne sait pas (6)

_____ il souffrait. Comme il n'avait pas d'argent, Dior a dû rester avec un ami

et c'est là (7) _____ il a commencé à faire des dessins de robes et de chapeaux.

Ses dessins (8) _____ son ami a montrés à une modiste[4] lui ont rapporté un peu

d'argent. Grâce à ce travail, Dior a fait la connaissance de Robert Piguet (9) _____

venait d'ouvrir sa propre maison de haute couture (10) _____ Dior a travaillé

jusqu'au début de la Deuxième Guerre Mondiale.

[4] *milliner*

06-32 Le succès. Remplacez les traits par le pronom relatif qui convient (qui, que, où, dont, ce qui, ce que, ce dont, lequel, etc., auquel, etc., duquel, etc.).

En 1941, pendant la Deuxième Guerre Mondiale, Christian Dior, après avoir été démobilisé, entre chez

Lucien Lelong (1) _____ lui donne la liberté de créer les vêtements

(2) _____ il rêvait depuis longtemps. Dior commence à devenir célèbre et c'est

la raison pour (3) _____, peu après la fin de la guerre, un homme d'affaires,

Marcel Boussac, l'embauche pour gérer une maison de haute couture sur (4) _____

il comptait pour faire sa réputation dans le monde de la mode. Dior a beaucoup réfléchi à (5)

_____ plairait aux femmes fatiguées de porter les vêtements sombres et austères

(6) _____ elles s'étaient habituées pendant la guerre. Pour sa première collection,

lancée en 1947, le styliste s'est inspiré des années trente, l'époque (7) _____ les

femmes portaient des couleurs vives et ressemblaient à des fleurs. Au début, cette première collection, (8)

_____ la presse américaine a appelée « The New Look » a choqué tout le monde.

Mais les gens se sont vite habitués aux nouvelles robes féminines (9) _____

toutes les femmes semblaient avoir envie. Au cours de sa carrière, Dior a présenté vingt-deux collections,

une nouvelle collection tous les six mois. Pour chacune, il choisissait un thème spécifique autour (10)

_____ il organisait ses dessins. En 1957, Christian Dior est mort d'une crise

cardiaque. Yves Saint Laurent, son assistant, a pris la relève de la maison Dior.

06-33 *Les Bijoux.* Lisez cette histoire.

M. Lantin ayant rencontré cette jeune fille, dans une soirée, chez son sous-chef de bureau, l'amour l'enveloppa comme un filet[5]. C'était la fille d'un percepteur[6] de province, mort depuis plusieurs années. Elle était venue ensuite à Paris avec sa mère, qui fréquentait quelques familles bourgeoises de son quartier dans l'espoir de marier la jeune personne. Elles étaient pauvres et honorables, tranquilles et douces. La jeune fille semblait le type absolu de l'honnête femme à laquelle le jeune homme sage rêve de confier sa vie … Tout le monde chantait ses louanges ; tous ceux qui la connaissaient répétaient sans fin : «Heureux celui qui la prendra. On ne pourrait trouver mieux.»

M. Lantin, alors commis municipal[7] au ministère de l'intérieur, aux appointements annuels de trois mille cinq cents francs, la demanda en mariage et l'épousa.

Il fut avec elle invraisemblablement heureux … Il ne blâmait en elle que deux goûts, celui du théâtre et celui des bijouteries fausses … Or, ce goût pour le théâtre fit bientôt naître en elle le besoin de se parer[8]. Ses toilettes demeuraient toutes simples, il est vrai, de bon goût toujours, mais modestes … mais elle prit l'habitude de pendre à ses oreilles deux gros cailloux du Rhin[9] qui simulaient des diamants, et elle portait des colliers en perles fausses, des bracelets en similor [imitation or], des peignes agrémentés de verroteries[10] variées jouant les pierres fines.

Son mari, que choquait un peu cet amour du clinquant, répétait souvent :

« Ma chère, quand on n'a pas le moyen de se payer des bijoux véritables, on ne se montre parée que de sa beauté et de sa grâce, voilà encore les plus rares joyaux. »

Mais elle souriait doucement et répétait : « Que veux-tu ? J'aime ça. C'est mon vice. Je sais bien que tu as raison ; mais on ne se refait pas. J'aurais adoré les bijoux, moi ! » …

Quelquefois, le soir, quand ils demeuraient en tête-à-tête au coin du feu, elle apportait sur la table où ils prenaient le thé la boîte de maroquin où elle enfermait la « pacotille », selon le mot de M. Lantin ; et elle se mettait à examiner ces bijoux imités avec une attention passionnée, comme si elle eût savouré quelque jouissance secrète et profonde …

Guy de Maupassant (1850–1893)

[5] un filet *a net*
[6] un percepteur *a tax collector*
[7] un commis municipal *a town clerk*
[8] se parer *mettre des bijoux*
[9] des cailloux du Rhin *crystal stones*
[10] verroterie *glass jewelry*

06-33A *Les Bijoux*. Questions. Répondez aux questions suivantes. Choisissez dans chaque ligne toutes les réponses qui conviennent.

1. Quelles sont les professions exercées par les personnages nommés ?

   commis municipal   ministre   percepteur   sous-chef de bureau

2. Nommez toutes les qualités de la mère et de la jeune fille.

   douces   élégantes   honnêtes   honorables

   parfaites   pauvres   tranquilles   tristes

3. Quels sont les goûts de la jeune femme ?

   faux bijoux   robes chères   opéra   théâtre

4. De quels bijoux se pare la jeune femme ?

   boucles d'oreilles   bracelets   colliers   peignes

5. En quelle matière les bijoux sont-ils faits ?

   cailloux du Rhin   fausses perles   or   verroteries

6. Quand on n'a pas d'argent, quelles qualités doit-on posséder ?

   beauté   élégance   éloquence   grâce

7. Décrivez les sentiments de la jeune femme lorsqu'elle joue avec ses bijoux.

   avidité   jouissance   passion   secret

06-33B *Les Bijoux*. Pronoms relatifs. Dans le texte, on trouve quatre pronoms relatifs différents. Relevez-les et identifiez leur fonction.

complément de la préposition à   objet direct   pronom relatif de lieu   sujet

1. _____   a. _____

2. _____   b. _____

3. _____   c. _____

4. _____   d. _____

06-34 Quel parfum choisir ? Écoutez le passage et ensuite répondez aux questions en choisissant **toutes** les options qui conviennent.

1.

   a. Il rend visite à des amis.   b. Il travaille.

   c. Il visite la ville.   d. Il cherche un cadeau.

2.

   a. Ce sont de bons produits.   b. La qualité est très bonne.

   c. Ce sont des parfums lourds.   d. Tous les parfums sont similaires.

3.

   a. le bonheur   b. la sensualité

   c. la poésie   d. l'élégance

4.

   a. *Insolence*   b. *Élégance*

   c. *Shalimar*   d. *Instant*

06-35 Dictée. Un achat à Paris. Vous allez écouter ce récit en entier. Puis chaque phrase sera relue et vous la retranscrirez.

_____

_____

_____

_____

_____

_____

06-36 Mots croisés. Complétez avec les mots qui conviennent.

Horizontalement

3. costume homme pour une grande soirée

5. petit magasin

6. pronom relatif, objet direct

7. façon de s'habiller

8. pronom relatif contracté féminin pluriel

10. personne qui présente les vêtements dans un défilé

11. veste portée en hiver

Verticalement

1. styliste

2. pronom relatif contracté avec *à* masculin singulier

4. fond de teint, mascara, blush

9. écharpe

12. relatif qui remplace de + nom

7 La France bigarrée — un pays métissé et multiculturel

Prononciation

07-01 Quelques mots. Prononcez et enregistrez les mots suivants. Attention à la prononciation du son [r] et du son [l].

r	l
patrie	catholique
oriental	nationalité
étranger	expulser
vivre	musulman
bigarré	asile
origine	lien
réagir	développement
immigrant	clandestin
titre	laïcité
séjour	acculturation
passeport	industrialisé
religion	formalité

Vocabulaire

07-02 Mon séjour en France. Complétez le passage à l'aide des expressions et mots suivants. Mettez les verbes au temps qui convient et faites tous les accords et changements nécessaires.

accueil	s'adapter	mal du pays	immigré	dépaysé
vivre	patrie	titre de séjour	être d'origine	passeport

Nom: _____   Date: _____

Quand j'avais dix-neuf ans, je suis partie pour la France. J'étudiais le français depuis l'âge de 7 ans, et

je voulais (1) _____ en France pour mieux connaître le pays. J'avais déjà

mon (2) _____ et, grâce aux efforts d'un de mes professeurs, j'avais aussi un

(3) _____ qui me permettrait de travailler pour l'été. J'allais travailler dans

un hôpital sur la Côte d'Azur ! L'hôpital soignait beaucoup d'(4) _____

qui venaient de cultures différentes et les infirmières qui y travaillaient m'ont fait un chaleureux

(5) _____. Au début, je souffrais du (6) _____,

mais après deux semaines, je (7) _____ au pays. Cependant, malgré les efforts

des employés, je me sentais tout de même (8) _____ parce que je ne connaissais

pas d'autres gens de mon âge avec qui je puisse sortir. Mais un jour, j'ai fait la connaissance d'un jeune

homme de vingt et un ans et qui (9) _____ espagnole. Sa famille avait quitté sa

(10) _____ parce que son père, un chirurgien célèbre, avait été embauché

par l'hôpital …

07-03 Qu'en pensez-vous ?

07-03A. Deux étudiants français qui viennent d'arriver aux États-Unis pour passer leur troisième année
d'études dans une université américaine parlent de leur expérience. Écoutez leur conversation.

A. Maintenant, indiquez la réponse correcte aux questions que vous entendez :

1. 🔊

a) 🔊   b) 🔊   c) 🔊   d) 🔊

2. 🔊

a) 🔊   b) 🔊   c) 🔊   d) 🔊

3. 🔊

a) 🔊   b) 🔊   c) 🔊   d) 🔊

4. 🔊

a) 🔊   b) 🔊   c) 🔊   d) 🔊

B. Répondez aux questions que vous entendez en choisissant **toutes** les réponses correctes.

5.

   a. Il arrive qu'on annule un cours sans rien dire.

   b. Le système d'inscription en ligne ne fonctionne pas toujours bien.

   c. On annonce les cours tard.

   d. On change souvent la salle de classe sans rien dire.

6.

   a. Les fonctionnaires français n'aiment pas les étrangers.

   b. Les démarches administratives prennent beaucoup de temps.

   c. On a besoin de beaucoup de documents.

   d. Il faut pouvoir parler français.

7.

   a. On a besoin d'un diplôme universitaire.

   b. On a besoin de faire une visite médicale.

   c. On a besoin d'un passeport.

   d. On a besoin d'un visa.

8.

   a. C'est nécessaire pour ouvrir un compte en banque.

   b. C'est nécessaire pour s'inscrire à l'université.

   c. C'est nécessaire pour prendre le train.

   d. C'est nécessaire pour avoir l'Internet.

9.

   a. Ils s'adaptent difficilement au système français.

   b. Ils sont frustrés.

   c. Ils aiment leur famille d'accueil.

   d. Ils ont le mal du pays.

07-03B À vous de parler. Enregistrez vos réponses aux questions suivantes.

1. À votre avis, est-il normal d'avoir le mal du pays quand on étudie dans un autre pays ? Pourquoi ?

2. Qu'est-ce qui peut aider un étranger à s'adapter à un nouveau pays ?

3. Voulez-vous étudier en France ? Dans un autre pays ? Pourquoi ou pourquoi pas ?

4. Si vous étudiiez en France, préféreriez-vous habiter en famille d'accueil ou dans un appartement ? Quels sont les avantages et désavantages des deux choix ?

07-04 Être immigré. Écoutez chaque mot et associez-le à un mot ou expression de la liste.

_____ 1.   a. déporter

_____ 2.   b. clandestin

_____ 3.   c. pays où l'on est né

_____ 4.   d. immigrant

_____ 5.   e. émigrer

_____ 6.   f. démarches

_____ 7.   g. document légal d'immigration

_____ 8.   h. nationalisme

_____ 9.   i. asiatique

_____ 10.   j. déraciné

07-05 Sentiments et immigration. Donnez le mot ou l'expression qui correspond à chaque définition.

_____ 1. manquer d'assurance   a. l'acculturation

_____ 2. l'ensemble des ouvriers   b. un Beur, une Beurette

_____ 3. avoir des sentiments d'aliénation   c. le droit d'asile

_____ 4. l'adaptation à une nouvelle culture   d. embrouiller

_____ 5. avoir confiance en soi et se sentir à l'aise e. la main d'œuvre

_____ 6. dont les parents sont originaires du Maghreb f. ne pas avoir confiance

_____ 7. optique d'un pays en matière d'immigration   g. se sentir étranger

_____ 8. un pays au début de sa croissance économique h. la politique migratoire

_____ 9. désorienter   i. se sentir bien dans sa peau

_____ 10. la permission d'immigrer pour des raisons politiques   j. un pays en voie de développement

07-06 Qu'en pensez-vous ?

07-06A Plus tard, Michel et Magali se retrouvent au café. Écoutez leur conversation.

A. Indiquez si les phrases suivantes sont vraies (Vrai) ou fausses (Faux).

1. Vrai   Faux

2. Vrai   Faux

3. Vrai   Faux

4. Vrai   Faux

5. Vrai   Faux

B. Répondez aux questions que vous entendez en choisissant **toutes** les réponses correctes.

6.

     a. Le professeur va être exigeant.

     b. Le cours risque d'être ennuyeux.

     c. Le cours va probablement être dur.

     d. Le cours promet d'être intéressant.

7.

     a. à la France

     b. à l'Angleterre

     c. à la Belgique

     d. à l'Allemagne

8.

     a. Les immigrants peuvent avoir du mal à s'adapter.

     b. Les immigrants peuvent se créer une nouvelle identité.

     c. Les immigrants peuvent perdre leur identité culturelle.

     d. Les immigrants peuvent avoir des difficultés à obtenir leur carte de séjour.

07-06B À vous de parler. Enregistrez vos réponses aux questions suivantes.

1. Connaissez-vous des étudiants étrangers ? Quels sont les problèmes auxquels ils doivent faire face ? Imaginez les difficultés qu'ils rencontrent.

2. À votre avis, quels sont les avantages et désavantages d'un système d'immigration basé sur le principe de l'intégration ? Sur le principe du communautarisme ?

3. Connaissez-vous des immigrants ? Parlez de leur expérience.

Formation du subjonctif

07-07 Ahmed. Écoutez les phrases suivantes et écrivez ce qu'il faut qu'Ahmed fasse ou que les gens fassent.

MODÈLE :   Vous entendez : Je dois écrire une lettre au consulat.

Vous écrivez : Il faut que j'*écrive* une lettre au consulat.

1. Il faut que je _____ des démarches pour obtenir la nationalité française.

2. Il faut que mes parents _____ en Algérie.

3. Il faut que mes frères et moi nous _____.

4. Il faut que nous _____ beaucoup.

5. Il faut que je _____ une bourse pour aller à l'université.

6. Il faut qu'un immigrant _____ la langue du pays d'accueil.

07-08 Ce que les parents de Myriam souhaitent. Écoutez ce que Myriam voudrait faire et ce que ses parents veulent qu'elle fasse. Complétez les phrases en mettant l'infinitif que vous entendez au subjonctif.

MODÈLE :   Vous entendez : Je voudrais devenir médecin.

Vous écrivez : Mes parents veulent que je *devienne* médecin.

1. Mes parents veulent que je _____ visite à mes grands-parents en Algérie.

2. Mes parents veulent que je _____ ma profession moi-même.

3. Mes parents veulent que j' _____ l'arabe.

4. Mes parents veulent que je _____ bien enracinée en France.

5. Mes parents veulent que je _____ l'histoire de mes ancêtres.

6. Mes parents ne veulent jamais que je _____ de l'alcool.

07-09A Yasmina va étudier à Bordeaux. Sélectionnez la forme correcte du subjonctif.

Demain, il faut que je (1) [soit, sois] de bonne heure à l'aéroport parce que j'ai beaucoup de bagages et je

prends un vol international. Il vaut mieux que mes parents (2) [vienne, viennent] avec moi pour m'aider à

porter mes valises et pour que je (3) [puisses, puisse] leur dire au revoir. Il faut que nous (4) [fassiez, fassions]

une réservation de navette parce qu'il est préférable qu'au retour ils ne (5) [soit, soient] pas coincés dans les

© 2015 Pearson Education, Inc.

embouteillages[1] de fin de journée. Ils seront plus relax dans la navette. J'ai déjà fait mes valises mais il ne faut pas que je (6) [mettes, mette] trop de poids dans chacune. Je ne veux pas payer de surcharge. Mes parents sont ravis que j' (7) [aille, ailles] étudier en France et ils ont promis de venir me voir. Il faut qu'ils (8) [tienne, tiennent] leur promesse.

[1] *stuck in traffic*

07-09B Yasmina va étudier à Bordeaux. Relisez le texte précédent. Dites si ces déclarations sont vraies ou fausses.

1. Yasmina va étudier en France.

   a. vrai   b. faux

2. Elle a peu de bagages.

   a. vrai   b. faux

3. Ses parents vont l'accompagner à l'aéroport.

   a. vrai   b. faux

4. Elle aimerait que ses parents la conduisent en voiture.

   a. vrai   b. faux

5. À 17h, il y a énormément de circulation en sortant de l'aéroport.

   a. vrai   b. faux

6. Yasmina n'a pas encore fait ses bagages.

   a. vrai   b. faux

7. On peut mettre tout le poids qu'on veut dans ses bagages.

   a. vrai   b. faux

8. Les parents de Yasmina auraient préféré qu'elle étudie dans son propre pays.

   a. vrai   b. faux

9. Ses parents vont lui rendre visite pendant le semestre.

   a. vrai   b. faux

10. Yasmina espère qu'ils tiendront leur promesse.

    a. vrai   b. faux

Emploi du subjonctif

07-10 Deux sœurs et la lecture. Choisissez l'option qui décrit le mieux les images suivantes.

1.

    a. Je veux aller à la librairie.

    b. Je veux que tu viennes à la librairie avec moi.

2.

    a. Je voudrais acheter ce livre.

    b. Je voudrais que tu m'achètes ce livre.

3.

    a. Je veux lire mon livre.

    b. Je veux que tu me lises ce livre.

07-11 Entre étudiants. Mettez les verbes entre parenthèses à la forme du subjonctif qui convient.

1. Il faut que je _____ (finir) mon rapport sur le Maghreb.

2. Es-tu content que nous _____ (lire) les œuvres de Begag ?

3. Pour écrire ce rapport, il est important que tu _____ (comprendre) les difficultés auxquelles un pays en voie de développement doit faire face.

4. Mon professeur veut que nous _____ (regarder) ensemble mon mémoire sur l'art musulman en Espagne.

5. Faut-il que nous _____ (étudier) l'histoire des relations franco-algériennes pour mieux comprendre les œuvres d'Assia Djebar ?

6. Je doute que nous _____ (pouvoir) finir l'article sur l'immigration avant demain.

7. Veux-tu qu'on _____ (attendre) Momo et Fatima avant d'aller à la bibliothèque ?

8. Mon professeur aimerait que tous les étudiants de sa classe _____ (voir) le film *Mémoires d'immigrés*.

07-12 Tidiane vient étudier en France. Associez les subjonctifs dans la colonne de droite à la situation de gauche. Toutes les phrases doivent être logiques.

_____ 1. L'avion part à 9h précises ; il faut que

_____ 2. Pour être à l'heure, mes parents veulent que

_____ 3. Pour ne pas perdre de temps, il vaut mieux que

_____ 4. Il ne faut surtout pas que

_____ 5. Avant de partir, il a fallu que

_____ 6. Le consulat a exigé que

_____ 7. À Paris, il se peut que

_____ 8. J'ai un peu peur que

_____ 9. Ce serait dommage que

_____ 10. Je dois rester chez mon oncle

a. je finisse mes valises la veille.

b. je fournisse des justificatifs.

c. je ne sache où aller en arrivant.

d. je fasse une demande de visa.

e. des amis m'attendent à Roissy.

f. je sois de bonne heure à l'aéroport.

g. mon oncle vienne me chercher en retard.

h. jusqu'à ce que je loue un studio.

i. j'oublie mon passeport.

j. nous prenions un taxi au lieu du bus.

07-13 Immigration /adaptation. Mettez les verbes entre parenthèses à la forme du subjonctif qui convient.

1. Il est possible que le premier ministre _____ (faire) un discours sur la politique migratoire pendant son séjour dans ce pays, mais ce n'est pas encore certain.

2. Je ne suis pas sûr que vous _____ (savoir) comment remplir tous ces formulaires.

3. Maryam est contente que son fils _____ (vivre) dans un pays démocratique.

4. Il est possible que ma cousine Naïla _____ (recevoir) son titre de séjour cette semaine.

5. Il n'est pas clair que Laila _____ (vouloir) immigrer en France.

6. Il est étonnant que vous _____ (choisir) de faire vos courses au marché de Barbès. Il y a tellement de monde !

7. Veux-tu qu'on _____ (aller) au nouveau restaurant égyptien ensemble ?

8. Je ne pense pas que mon ami Karim, qui est musulman, _____ (boire) de l'alcool.

Le passé du subjonctif

07-14 Entre professeurs. Mettez les verbes entre parenthèses au passé au subjonctif. Faites attention aux auxiliaires et aux accords du participe passé.

1. Je suis très contente que Naïla _____ (venir) à la conférence hier soir.

2. Je ne crois pas qu'Ibrahim _____ (faire) tout le travail seul !

3. Il est étonnant que Maryam _____ (se réveiller) si tôt ce matin. Elle aime dormir très tard le matin.

4. Pensez-vous que tous vos étudiants _____ (comprendre) le texte d'Assia Djebar ?

5. Je doute que cet étudiant _____ (pouvoir) expliquer avec tant de subtilité la politique d'intégration de la France. Quelqu'un a dû l'aider.

07-15 Les copains. Le subjonctif présent ou passé. Choisissez le temps qui convient.

1. Vincent souhaite que la caisse [soit / ait été] pleine d'argent.

2. Le narrateur ne croyait pas que Vincent [voie / ait vu] une caisse pleine d'argent, le jour précédent.

3. Le narrateur a peur que ses copains [se fassent / se soient fait] remarquer.

4. Momo regrette que la bibliothécaire [ne veuille pas / n'ait pas voulu] lui sourire en sortant.

5. Le narrateur est heureux que la bibliothèque [contienne / ait contenu] tant de livres intéressants.

6. Vincent n'est pas content que le narrateur [commence / ait commencé] à lire *Le Vieil Homme et la Mer* au lieu de chercher la caisse.

Réflexion culturelle

07-16 Journal de réflexions personnelles.

Dans *L'immigration expliquée à ma fille* la fille de Sami Naïr prétend que son père ne comprend pas la situation des immigrés telle qu'elle est actuellement. A-t-elle raison ? Ou est-ce que Sami Naïr comprend encore mieux qu'elle ce que c'est que d'immigrer ?

_____

_____

_____

_____

_____

_____

L'emploi du subjonctif

 07-17 Fatoumata et Raphaël parlent de l'immigration. Écrivez ce qu'ils disent. Utilisez le subjonctif dans vos réponses.

MODÈLE :   Vous entendez : L'assimilation réussit toujours.

Vous écrivez : Je ne pense pas que l'assimilation *réussisse* toujours.

1. **Fatoumata :** À mon avis, il faut que les immigrés _____ garder leur culture.

2. **Raphaël :** Oui, mais il arrive que l'attachement aux traditions _____ l'assimilation.

3. **Fatoumata :** C'est étonnant que tu _____ qu'il existe une contradiction entre culture et assimilation.

4. **Raphaël :** Moi, je souhaite que tous les immigrés _____ s'intégrer.

5. **Fatoumata :** Nous, les immigrés, nous aimerions que l'intégration _____ trop difficile.

6. **Raphaël :** L'école a un rôle important dans l'intégration. Il semble que tous les maîtres _____ faciliter l'intégration.

7. **Fatoumata :** C'est quand même dommage que le ministère _____ les cours dans la langue natale.

8. **Raphaël :** Mais beaucoup de professeurs craignent que ces cours _____ l'apprentissage de la langue.

9. **Fatoumata :** Parler la langue du pays est important. Mes parents sont très heureux que mes frères et moi _____ le français tout de suite.

10. **Raphaël :** Il est normal que l'intégration _____ d'abord par la langue.

Subjonctif ou indicatif

07-18 Politique migratoire. Indicatif ou subjonctif. Choisissez la bonne réponse.

1. Je doute que tout le monde
   a. veut émigrer.   b. veuille émigrer.

2. Le gouvernement pense qu'
   a. il faut limiter l'immigration.   b. il faille limiter l'immigration.

3. Mon ami ne croit pas que
   a. l'on doit déporter les sans-papiers.   b. l'on doive déporter les sans-papiers.

4. Je suis certain que la famille d'un immigré
   a. peut le rejoindre.   b. puisse le rejoindre.

5. Il est probable que la loi anti sans-papiers
   a. soit révoquée.   b. va être révoquée.

6. Il est étonnant que tant de gens
   a. sont contre l'idée de régulariser les étrangers   b. soient contre l'idée de régulariser les étrangers en
      en situation irrégulière.   situation irrégulière.

7. Les enfants des sans-papiers espèrent que
   a. le gouvernement leur donnera des titres de   b. le gouvernement leur donne des titres de
      séjour.   séjour.

8. À notre avis, il est normal que
   a. les enfants des sans-papiers puissent aller à l'école   b. les enfants des sans-papiers peuvent aller à l'école
      publique.   publique.

07-19 Aïcha apprend le français. Mettez les verbes entre parenthèses au subjonctif présent ou à l'indicatif, selon le cas.

La petite Aïcha n'a que sept ans quand ses parents décident de déménager. Ils veulent que leur enfant

(1) _____ (avoir) une meilleure vie qu'eux, alors ils quittent leur pays pour

immigrer en France. Au début, c'est difficile parce qu'il (2) _____ (falloir) que

toute la famille (3) _____ (vivre) avec des parents. Aïcha est entourée de gens

qui l'adorent et la petite fille est contente que tout le monde (4) _____ (faire)

attention à elle. Cependant, la vie devient de plus en plus difficile. À l'école, Aïcha s'étonne que personne ne

(5) _____ (la comprendre). Quelle langue est-ce que les autres enfants parlent ?

Ils ne comprennent pas l'arabe et alors la petite fille se sent isolée et elle est très triste qu'aucun autre enfant ne

(6) _____ (vouloir) jouer avec elle. La maîtresse appelle les parents et leur parle de

la situation. « Il est important qu'Aïcha (7) _____ (apprendre) le français aussi vite

que possible », leur dit-elle. « Il est évident qu'elle (8) _____ (se sentir) seule. »

Les parents doutent qu'Aïcha (9) _____ (pouvoir) apprendre le français en un an,

mais ils se trompent. Aïcha, une petite fille intelligente et sociable, veut tellement jouer avec les autres enfants

qu'elle apprend très vite. Tout le monde est ravi qu'Aïcha (10) _____ (se mettre) à

étudier le français avec tant d'enthousiasme.

Passé ou présent du subjonctif

07-20 Azouz. Choisissez le présent ou le passé du subjonctif.

1. Je ne crois pas que les parents d'Azouz [immigrent, aient immigré] en France au moment de la guerre d'Algérie. C'était avant.

2. En arrivant en France, il a fallu que son père [trouve, ait trouvé] un emploi.

3. Le père a voulu que ses enfants [fassent, aient fait] des études.

4. Il aurait aimé que tous [deviennent, soient devenus] ingénieurs.

5. Azouz, lui, bien qu'il [connaisse, ait connu] le racisme à l'école a toujours rêvé de devenir professeur.

6. Aujourd'hui, quoiqu'il [fasse, ait fait] des études d'économie classiques, il publie sur les questions d'immigration.

7. Il est écrivain. Il se peut que ses lectures lui [donnent, aient donné] l'envie d'écrire des romans.

8. Il a accepté d'être ministre pour que ses filles [connaissent, aient connu] le principe de l'égalité des chances.

07-21 Politique. Mettez les verbes entre parenthèses au présent ou au passé du subjonctif.

1. Êtes-vous surpris que François Hollande _____ (gagner) les élections en 2012 ?

2. Il est possible que Jacques Cartier _____ (être) le premier Français à explorer le Canada, mais il n'est pas certain qu'il _____ (le découvrir).

3. Les étudiants ne sont pas contents que leur professeur _____ (connaître) si peu les politiques migratoires européennes.

4. Est-il important que nous _____ (étudier) la politique de la mondialisation pour comprendre les conflits entre certains groupes ethniques ?

5. Karim s'étonne que Naila et Hanni _____ (se lancer) dans la politique. Il ne savait même pas qu'ils étaient membres d'un parti.

6. Veux-tu qu'on _____ (aller) écouter le discours du candidat beur ?

7. Penses-tu que tous les étudiants _____ (aller) entendre le discours que le premier ministre a prononcé samedi dernier sur l'intégration ?

8. Beaucoup d'immigrés ivoiriens sont satisfaits que le ministre de l'intérieur _____ (recevoir) leur président pour discuter de politique migratoire.

9. Toute ma famille est ravie que ma petite sœur _____ (obtenir) une bourse d'études pour aller en Afrique. Nous avons fait la fête toute la nuit !

Réflexion littéraire

07-22 Journal de réflexions personnelles. Dans l'extrait des *Voleurs d'écritures* Begag décrit la mésaventure des jeunes. Quand vous étiez jeune, est-ce que vous avez jamais eu une aventure ou une mésaventure pareille ? Si oui, qu'est-ce qui s'est passé ? Si non, pensez-vous que l'histoire soit vraisemblable ? Pourquoi ?

_____

_____

_____

_____

_____

_____

Le subjonctif après les conjonctions

07-23 Naïla doit parler français. Complétez les phrases en choisissant la conjonction qui convient.

1. Comme beaucoup de familles, celle de Naïla a immigré _____ les enfants puissent avoir une meilleure vie.

   a. sans que   b. quoique   c. pourvu que   d. pour que   e. de crainte que

2. Au début, _____ elle soit très sociable, Naïla a eu du mal à s'assimiler parce que le français lui posait problème.

   a. sans qu'   b. quoiqu'   c. pourvu qu'   d. pour qu'   e. de crainte qu'

3. Les autres enfants acceptaient de jouer avec elle _____ elle fasse l'effort de parler français.

   a. sans qu'   b. quoiqu'   c. pourvu qu'   d. pour qu'   e. de crainte qu'

4. Mais Naïla n'avait pas trop envie de parler _____ les autres enfants se moquent d'elle.

   a. sans que   b. quoique   c. pourvu que   d. pour que   e. de crainte que

5. Finalement, Naïla s'est sentie si isolée qu'elle a décidé de faire un gros effort. Elle a beaucoup parlé _____ aucun gamin ne rie de son accent. Au contraire, tous les enfants étaient ravis d'avoir une nouvelle amie.

   a. sans qu'   b. quoiqu'   c. pourvu qu'   d. pour qu'   e. de crainte qu'

Nom: _____   Date: _____

 07-24 Venir en France. Remplacez la conjonction ou la préposition que vous entendez avec un synonyme de la liste.

à condition que	afin de	afin que	de peur que	quoique

MODÈLE :   Vous entendez : Il faut parler la langue du pays pour s'intégrer.

Vous écrivez : Il faut parler la langue du pays *afin de* s'intégrer.

1. _____ s'installer en France, il faut obtenir une carte de séjour.

2. _____ il y ait moins de travail en France, beaucoup de personnes veulent s'y installer.

3. Bachir a fait des démarches _____ sa famille puisse le rejoindre.

4. Un étranger obtient une carte de séjour _____ il ait un travail.

5. Ce sans-papiers ne prend pas le métro _____ la police veuille vérifier son identité.

07-25 Djamila traductrice. Finissez les phrases en choisissant l'option qui convient.

_____ 1. Djamila a décidé d'étudier plusieurs langues

_____ 2. Elle a commencé par l'arabe

_____ 3. Une tante a encouragé Djamila à venir chez elle pour pratiquer son arabe

_____ 4. Djamila a décidé d'accepter l'invitation

_____ 5. Djamila a parlé avec ses parents

a. de peur qu'elle ait un mauvais accent.

b. avant de répondre à sa tante.

c. afin de devenir traductrice.

d. à moins que ses parents ne s'y opposent.

e. à moins de s'y opposer.

f. de peur d'avoir un mauvais accent.

g. pour comprendre le français.

h. avant qu'elle réponde à sa tante.

i. afin qu'elle devienne traductrice.

j. pour que toute sa famille en Algérie puisse la comprendre.

07-26 Intégration / assimilation. Complétez les phrases que vous entendez avec la conjonction et le verbe au subjonctif ou avec la préposition et le verbe à l'infinitif.

MODÈLE :   Vous entendez : Le gouvernement prend des décisions afin que le statut des sans-papiers soit régularisé.

Vous complétez : Le gouvernement prend des décisions _afin que_. le statut des sans-papiers _soit_ régularisé.

1. On parle d'intégration _____ l'adaptation à un pays d'accueil.

2. On doit pouvoir s'adapter à un pays _____ sa culture.

3. Je suis pour l'assimilation _____ elle _____.

4. Le racisme existera _____ tout le monde _____ plus tolérant.

5. Il y aura des immigrés illégaux _____ chaque pays _____ donner du travail à ses citoyens.

6. Le gouvernement a pris des mesures _____ certains sans-papiers _____ des titres de séjour.

07-27 Omar vient à Paris. Choisissez la conjonction qui convient. Utilisez chaque conjonction une fois.

1. Les parents d'Omar l'ont toujours encouragé dans ses études _____ il puisse aller en France faire un master en finances.

    a. à moins qu'   b. avant qu'   c. de peur qu'   d. pour qu'   e. sans qu'

2. Il va s'inscrire dans une université _____ il ne soit accepté à Sciences Po.

    a. à moins qu'   b. avant qu'   c. de peur qu'   d. pour qu'   e. sans qu'

3. _____ il ne parte, ses parents vont lui faire promettre de ne pas oublier sa culture.

    a. À moins qu'   b. Avant qu'   c. De peur qu'   d. Pour qu'   e. Sans qu'

4. Ils vont le mettre en contact avec des amis à eux _____ il ne soit complètement perdu en arrivant.

    a. à moins qu'   b. avant qu'   c. de peur qu'   d. pour qu'   e. sans qu'

5. Avant son départ, _____ il le sache, ses amis ont décidé de lui préparer une grande fête.

    a. à moins qu'   b. avant qu'   c. de peur qu'   d. pour qu'   e. sans qu'

07-28 Khaled rend visite à sa famille. Complétez les phrases avec le subjonctif, l'indicatif ou l'infinitif. Attention à la logique des temps.

Samedi prochain, je vais prendre le thé avec mon oncle et ma tante qui demeurent toujours à Presles.

Bien que je (1) _____ (être né) en banlieue, maintenant j'habite à Paris,

dans le Sixième. J'aime vivre dans la capitale quoique les loyers y (2) _____

(être) excessivement chers. Avant de/d' (3) _____ (aller) chez eux, je passerai

à la pâtisserie de mon quartier pour (4) _____ (acheter) un gâteau au miel,

à moins qu'ils (5) _____ (ne plus en avoir). Après avoir acheté le gâteau,

je prendrai le train de banlieue et j'arriverai à la gare vers 15h. Je suis certain que mon oncle m'y

(6) _____ (attendre) en voiture. Je sais même qu'il sera là trop tôt de crainte

que le train n' (7) _____ (avoir) quelques minutes d'avance. Il me donnera des

nouvelles de la famille jusqu'à ce que nous (8) _____ (arriver) chez lui. Je serai

très content de voir mes cousines qui maintenant sont étudiantes. Mon oncle est très moderne et laisse

beaucoup d'indépendance à ses filles pourvu qu'elles (9) _____ (faire) des études

supérieures et (10) _____ (réussir) bien. Ma tante, par contre, est toujours

inquiète pour ses filles parce qu'elle (11) _____ (ne pas vouloir) qu'elles renient

leur culture. Elle souhaite qu'elles (12) _____ (savoir) vivre selon les traditions.

Subjonctif ou infinitif

07-29 Immigrés. Choisissez la préposition ou la conjonction qui convient.

1. On ne peut pas devenir citoyen _____ faire de demande.

        a. sans   b. sans que

2. Il est resté en France _____ ses papiers soient en règle.

        a. sans   b. sans que

3. Le gouvernement doit créer des emplois _____ les jeunes Maghrébins se sentent moins exclus.

        a. pour   b. pour que

4. Sami Naïr s'est battu _____ avoir une place dans la société.

        a. pour   b. pour que

5. _____ être ministre, Azouz Begag était chercheur.

        a. Avant d'   b. Avant qu'

6. Les manifestants se sont enfuis _____ la police ne puisse les arrêter.

        a. avant de   b. avant que

7. Nous étudions la colonisation _____ comprendre l'immigration.

        a. afin de   b. afin que

8. Chaque pays a une politique migratoire _____ l'intégration se fasse plus facilement.

        a. afin de   b. afin que

07-30 Famille / éducation / école. Complétez chaque phrase avec la conjonction ou la préposition donnée entre parenthèses. Mettez le verbe entre parenthèses au subjonctif ou à l'infinitif selon le cas.

MODÈLE 1 :   (afin de / afin que) (donner) Les parents de Iousef ont immigré _____ _____ une meilleure vie à leurs enfants.

Les parents de Iousef ont immigré *afin de donner* une meilleure vie à leurs enfants.

MODÈLE 2 :   (afin de / afin que) (pouvoir) Les parents de Iousef ont immigré _____ leurs enfants _____ étudier à l'université.

Les parents de Iousef ont immigré *afin que* leurs enfants *puissent* étudier à l'université.

1. (sans / sans que) (le savoir) Vincent sort souvent _____ ses parents _____ .

2. (de crainte de / de crainte que) (la punir) Maryam ne porte jamais le voile à l'école _____ le professeur _____ .

3. (sans / sans que) (apprendre) Les enfants d'immigrés ne peuvent pas réussir à l'école _____ _____ la langue du pays.

4. (pourvu que) (travailler) Nos parents nous laissent sortir le weekend _____ nous _____ diligemment pendant la semaine.

5. (avant / avant que) (émigrer) Naïla a appris le français _____ sa famille _____ d'Égypte.

6. (de peur de / de peur que) (ne pas avoir) Sami essayait d'être comme les autres enfants _____ d'amis.

7. (bien que) (vouloir) Karim s'intéresse beaucoup à la culture musulmane _____ ses parents _____ qu'il s'intègre complètement à la culture française.

8. (pour / pour que) (lui donner) Les Daanoune envoient leur enfant à l'école coranique un jour par semaine _____ _____ une éducation biculturelle.

9. (jusqu'à ce que) (obtenir) Ma sœur et moi nous ne retournerons pas au Sénégal _____ nous _____ notre diplôme.

10. (à condition de / à condition qu') (avoir) Une personne peut immigrer plus facilement _____ elle _____ des parents citoyens du pays d'accueil.

07-31 Les parents de Malika. Choisissez la forme du verbe qui convient.

1. Les parents de Malika sont arrivés à Montpellier dans les années 80 pour _____ à la fac.

   a. s'inscrivent   b. s'inscrit   c. s'inscrive   d. s'inscrire

2. Ses parents se sont mariés très vite après leur arrivée de peur que l'un ou l'autre ne _____ sa carte de séjour

   a. perd   b. perde   c. perdent   d. perdre

3. et _____ obligé de retourner au Maroc.

   a. est   b. sois   c. soit   d. être

4. Jusqu'à ce qu'il _____ la décision de faire médecine, son père voulait faire des études de biologie.

   a. prend   b. prenne   c. prenait   d. prendre

5. La maman de Malika, elle, a fait des études d'anglais sans _____ ce qu'elle ferait ensuite.

   a. sait   b. sache   c. ait su   d. savoir

6. Elle a travaillé dans une agence de voyage avant que sa fille ne _____.

   a. naît   b. naisse   c. est née   d. naître

7. Aujourd'hui, bien que pendant longtemps ils _____ l'intention de retourner au Maroc, ils ont tous la nationalité française.

   a. ont   b. aient   c. aient eu   d. avoir

Subjonctif dans les propositions relatives et superlatives

07-32 Karim Seif. Mettez les verbes entre parenthèses au temps voulu du subjonctif ou de l'indicatif, selon le cas.

— Je cherche un secrétaire qui (1) _____ (savoir) parler l'arabe, le français et l'hébreu et qui (2) _____ (être) très compétent.

— Dans ce cas, vous devriez contacter Karim Seif, mon ancien assistant. C'est l'assistant le plus compétent que je/j' (3) _____ (jamais avoir).

— Karim, c'est celui qui (4) _____ (travailler) pour vous jusqu'à l'année dernière ?

— Oui, c'est lui. Il m'a quitté pour ouvrir un restaurant au centre-ville. C'est le seul restaurant du quartier qui (5) _____ (servir) de la cuisine éthiopienne authentique.

— Je connais ce restaurant. J'y ai mangé l'autre semaine. C'est vrai. La cuisine est excellente. Leur pain, l'*injera*, est le meilleur que je/j' (6) _____ (jamais manger).

— Oui. Et il n'y a que là-bas qu'on (7) _____ (pouvoir) manger un vrai *Yedero Wot*.

— Qu'est-ce que c'est le *Yedero Wot* ?

— C'est une espèce de pot-au-feu° au poulet très épicé

— Je crois que c'est ce que ma femme (8) _____ (commander). Elle a dit que c'était délicieux. C'est le premier restaurant éthiopien qu'elle (9) _____ (jamais essayer).

— De toute façon, contactez Karim. Maintenant que le restaurant marche bien, il cherche peut-être autre chose. C'est un homme qui (10) _____ (vouloir) toujours apprendre.

° *stew*

Nom: _____ Date: _____

07-33 L'immigration. Lisez ce dialogue et choisissez dans chaque ligne les réponses qui conviennent.

Sami : Il faut que les immigrés défendent leur droit de vivre ici et leur droit de devenir français.

Aya : Naturellement, mais il ne faut surtout pas qu'ils renoncent à leur culture et à leur origine.

Sami : Ce n'est pas facile de garder sa culture quand on veut s'intégrer dans un nouveau pays.

Aya : Est-ce que tu es train de dire que l'on doit oublier d'où on vient quand on immigre ?

Sami : Non, mais que, pour s'assimiler, il convient de ne pas trop se différencier par ses mœurs, ses vêtements, sa conduite ou même sa langue.

Aya : Autrement dit, parce que les gens ont des préjugés, et jugent sur la couleur, on doit les laisser vivre avec leurs idées reçues.

Sami : Pas du tout, je dis qu'un immigré doit respecter les valeurs de la République et ne pas vouloir imposer sa religion ou sa culture.

Aya : Tu me rassures. Les lois interdisent la discrimination !

1. Qu'est-ce que les immigrés doivent défendre ?

le droit de devenir français   le droit de parler français   le droit de vivre en France

2. À quoi un immigré ne doit-il pas renoncer ?

sa couleur   sa culture   son origine

3. Par quoi un immigré se différencie-t-il des gens natifs d'un pays ?

sa conduite   sa langue   son comportement

ses chapeaux   ses mœurs   ses vêtements

4. Comment le manque de tolérance des gens se manifeste-t-il ?

le jugement   les préjugés   les idées reçues

5. Qu'est-ce qu'un immigré ne doit pas imposer ?

sa culture   sa façon de vivre   sa religion

07-34 Raj. Écoutez le passage et ensuite répondez aux questions en choisissant **toutes** les options correctes.

1.

    a. Ils sont d'origine indienne.

    b. La mère est ingénieur.

    c. Le père est ingénieur.

    d. Ils ont une double nationalité.

2.

    a. indien

    b. français

    c. parisien

    d. américain

3.

    a. une ouverture d'esprit sur les autres cultures

    b. une tolérance pour les autres cultures

    c. un désir de vivre en Inde

    d. une appréciation pour leur culture

07-35 Dictée. Mon ami Raj. Vous allez écouter ce récit en entier. Puis chaque phrase sera relue et vous la retranscrirez.

_____

_____

_____

_____

_____

_____

07-36 Mots croisés. Complétez avec les mots qui conviennent.

Horizontalement

2. synonyme de *bien que*

6. subjonctif de *savoir* (nous)

7. ne coûte rien

8. être nécessaire

9. bienvenue

10. vouloir

12. subjonctif de *choisir* (tu)

13. rapport, relation

Verticalement

1. action de s'installer dans un nouveau pays

3. subjonctif de *faire* (je)

4. adaptation, assimilation

5. document donnant le droit de voyager dans d'autres pays

11. contraire de *dernier*

8 La Francophonie

Prononciation

 08-01 Quelques mots. Prononcez et enregistrez les mots suivants. Attention à la prononciation du son [S] et du son [Z].

[S]	[Z]
adresse	désigne
passeport	valise
souvenir	visite
séjour	désagréable
passer	visa
expulser	dépaysé
recevoir	croisière
distance	à l'aise
immigration	refuser
signe	pause

 08-02 S/Z. Écoutez les mots suivants et signalez le son que vous entendez.

1. S Z   6. S Z

2. S Z   7. S Z

3. S Z   8. S Z

4. S Z   9. S Z

5. S Z   10. S Z

Vocabulaire

08-03 Mon voyage aux Caraïbes. Complétez les phrases avec le mot qui convient. N'oubliez pas de conjuguer les verbes et de les mettre au temps qui convient (le présent ou un temps du passé), lorsqu'il le faut, et de faire tous les accords nécessaires.

accueillir chaleureusement	agent de voyages	guide
faire sa valise	faire un voyage	passeport
appareil photo	prendre des photos	rêver
visa		

L'année dernière j'ai décidé de (1) _____ aux Caraïbes. Cela faisait longtemps que

je (2) _____ de visiter ces îles et de (3) _____ de leurs

belles plages. Alors, quand je/j' (4) _____, j'y ai mis mon nouvel

(5) _____ et bien sûr tous mes documents essentiels, mon

(6) _____ et mon (7) _____. Mon

(8) _____, qui avait fait tous les préparatifs pour mes vacances bien à

l'avance, m'avait donné un (9) _____, alors je l'ai inclus. Quand je suis

arrivé tous les gens (10) me/m' _____.

08-04 Qu'en pensez-vous ? Écoutez le dialogue entre deux étudiantes, Magda et Gaëlle, qui font leurs préparatifs pour un séjour de deux semaines au Maroc.

A. Indiquez si les phrases que vous entendez sont vraies (Vrai) ou fausses (Faux).

1. Vrai   Faux
2. Vrai   Faux
3. Vrai   Faux
4. Vrai   Faux
5. Vrai   Faux

B. Répondez aux questions que vous entendez en choisissant **toutes** les réponses correctes.

6.

   a. un plan de Marrakech

   b. les cartes d'embarquement

   c. les visas

   d. un guide de visite

7.

    a. dans le sac de Gaëlle

    b. sur la table de nuit

    c. sous les lits

    d. dans sa valise

8.

    a. son guide

    b. ses lunettes de soleil

    c. son passeport

    d. son appareil photo

08-04B À vous de parler. Maintenant, répondez aux questions suivantes.

1. Quels documents est-ce que Gaëlle est allée chercher à l'agence de voyage ?

2. Depuis combien de temps Gaëlle et Magda rêvent-elles d'aller au Maroc ?

3. Est-ce que vous rêvez de faire un voyage dans un autre pays ? Lequel ? Qu'est-ce que vous allez mettre dans votre valise ?

08-05 En voyage. Donnez le mot qui correspond à chaque définition.

_____ 1. ne pas faire confiance à quelqu'un   a. être dépaysé

_____ 2. une personne née dans le pays où elle habite   b. un douanier

_____ 3. film qu'on met dans un appareil photo   c. faire une croisière

_____ 4. le fonctionnaire qui vérifie les marchandises   d. une pellicule

_____ 5. examiner le sac, les valises d'un voyageur   e. faire des préparatifs

_____ 6. avoir le mal du pays   f. fouiller

_____ 7. faire un voyage en bateau   g. un/une francophone

_____ 8. quelqu'un qui parle français   h. un/une indigène

_____ 9. visiter des endroits touristiques avec un guide   i. se méfier de

_____ 10. faire ce qui est nécessaire avant de partir   j. faire une excursion accompagnée

08-06 À l'étranger. Donnez le masculin de l'adjectif qui correspond au nom que vous entendez.

MODÈLE :   Vous entendez : Canada

                Vous écrivez : *canadien*

1. _____   6. _____

2. _____   7. _____

3. _____   8. _____

4. _____   9. _____

5. _____   10. _____

08-07 Qu'en pensez-vous ? Magda et Gaëlle viennent d'arriver au Maroc. Écoutez leur dialogue.

A. Maintenant, indiquez la réponse correcte aux questions que vous entendez :

1.

a)   b)   c)   d)

2.

a)   b)   c)   d)

3.

a)   b)   c)   d)

4.

a)   b)   c)   d)

B. Répondez aux questions en choisissant **toutes** les réponses correctes.

5.

   a. Elles ont dû faire escale à Marseille.

   b. Elles ont dû attendre longtemps avant de prendre un autre vol.

   c. Elles ont eu des problèmes à la douane.

   d. Magda a égaré son passeport.

6.

   a. Il lui a posé des questions indiscrètes.

   b. Il a jeté ses vêtements partout.

   c. Il a voulu vérifier son visa.

   d. Il a passé trop de temps à examiner son appareil photo.

7.

   a. Le douanier pose beaucoup de questions.

   b. Le douanier regarde le passeport.

   c. Le douanier fouille brièvement les bagages.

   d. Le douanier sort le contenu des valises et examine tout.

08-07B À vous de parler. Maintenant répondez aux questions suivantes.

1. Pourquoi les deux étudiantes ont-elles dû faire escale à Marseille ?

2. Pourquoi le douanier a-t-il fouillé les valises de Magda ?

3. Quels documents doit-on présenter au douanier ?

4. Avez-vous jamais eu une expérience désagréable quand vous voyagiez en avion ? Quand vous passiez la douane ? Racontez ce qui s'est passé.

Le pronom personnel

 08-08 Dialogue entre Renée et son père. Renée, une Haïtienne, parle avec son père de son prochain voyage en France. Écoutez le dialogue entre Renée et son père. Ensuite, choisissez la réponse qui correspond aux questions.

1. a. son attestation d'accueil

   b. son visa

   c. son passeport

   d. son passeport et son visa

2. a. demain

   b. la semaine prochaine

   c. hier

   d. l'année prochaine

3. a. facile à obtenir

   b. souvent refusé aux étudiants

   c. difficile à obtenir

   d. plus compliqué pour les étudiants

4. a. Il va la loger.

   b. Il faut qu'il l'aide avec son visa.

   c. Il refuse de l'aider avec son attestation d'accueil.

   d. Il va l'aider à s'inscrire à l'université.

5. a. Jean-Baptiste

   b. Rachel

   c. ses grands-parents

   d. son oncle Aurélien

08-09 Neela se marie. Choisissez dans la colonne de droite la réponse qui correspond à la question de la colonne de gauche.

_____ 1. As-tu rencontré la famille de ton fiancé ?   a. Il va y en avoir 300.

_____ 2. Est-ce que sa mère t'a bien accueillie ?   b. Oui, je l'ai rencontrée brièvement.

_____ 3. Tes parents approuvent-ils ton mariage ?   c. Ils l'ont trouvé en parlant à leurs amis.

_____ 4. Ton mariage est-il traditionnel ?   d. Ils y consentent.

_____ 5. Tes parents ont-ils choisi ton mari ?   e. Elle m'a bien reçue.

_____ 6. Alors, tu ne connais pas ton futur époux ?   f. Je vais en mettre un.

_____ 7. Y aura-t-il de nombreux invités au mariage ?   g. Il l'est.

_____ 8. Vas-tu porter un sari ?   h. Je le connais. Nous avons étudié dans la même université.

08-10 Maya et le Sénégal. Par quel pronom doit-on remplacer les mots en gras ? (On peut utiliser la même option plusieurs fois.)

a. elle	b. en	c. la	d. le	e. lui	f. y

1. Maya s'intéresse **à la culture sénégalaise.**   _____

2. Elle suit **un cours sur la littérature sénégalaise** à la fac.   _____

3. Son professeur vient **du Sénégal.**   _____

4. Maya a peur **de son prof** car il est exigeant.   _____

5. Heureusement, elle s'est vite habituée **à son accent.**   _____

6. Elle fait attention **à tout ce que son prof dit.**   _____

7. Maya est contente **de son cours.**   _____

8. Maya découvre **le texte de Mariama Bâ,** *Une si longue lettre.*   _____

08-11 Entretien avec Ahmed. Sélectionnez le pronom qui convient.

Étudiant : Tu viens d'Algérie, n'est-ce pas ?

Ahmed : Oui, [j'en, j'y] viens.

Étudiant : Tes parents vivent-ils à Alger ?

Ahmed : Ils [en, y] vivent.

Étudiant : Combien de sœurs as-tu ?

Ahmed : [J'en, Je les] ai deux.

Étudiant : Est-ce qu'elles habitent avec tes parents ?

Ahmed : Oui, elles habitent avec [eux, leur].

Étudiant : Ta mère fait-elle des plats traditionnels ?

Ahmed : Oui, elle [en, les] fait.

Étudiant : Est-ce qu'elle sait préparer les tajines ?

Ahmed : Elle sait [en, les] préparer.

Étudiant : Buvez-vous du thé à la menthe ?

Ahmed : Oui, nous [en, le] buvons souvent.

Étudiant : Est-ce que tu t'intéresses à la littérature algérienne ?

Ahmed : Oui, je [me l', m'y] intéresse un peu.

Étudiant : As-tu lu des romans de Boudjedra ?

Ahmed : Non je [ne les, n'en] ai pas lu.

Étudiant : Est-ce que tu connais Assia Djebar?

Ahmed : Je [le, la] connais.

Étudiant : La situation politique en Algérie est-elle stable maintenant ?

Nom: _____   Date: _____

Ahmed :   Oui, elle [l', y] est.

Étudiant :   Les femmes peuvent-elles se promener dans les rues sans danger ?

Ahmed :   Oui, elles peuvent [s'en, s'y] promener en sécurité.

Étudiant :   Merci de m'avoir parlé.

08-12 Un ami curieux. Vous venez de rentrer d'un voyage au Maroc et votre ami vous pose beaucoup de questions sur votre voyage. Répondez à ses questions avec **le pronom complément d'objet direct (COD), indirect (COI), y** ou **en,** qui correspond aux mots en gras.

— Comment as-tu trouvé **les Marocains** ?

— Je (1) _____ ai trouvés très accueillants.

— Est-ce que tu as envoyé des cartes postales **à tes parents** ?

— Oui, je (2) _____ ai envoyé beaucoup de cartes postales.

— Est-ce que tu as dîné **au restaurant marocain dont tu m'as parlé avant de partir** ?

— Oui, je/j' (3) _____ ai dîné plusieurs fois.

— As-tu essayé beaucoup **de plats différents** ?

— Oui, je/j' (4) _____ ai essayé beaucoup.

— Tu sais que je suis membre d'un club qui se réunit chaque mois. Est-ce que tu pourrais **nous** parler de ton

voyage pour la prochaine réunion ?

— Oui, avec plaisir. J'aimerais bien (5) _____ parler de tout ce que j'ai vu.

— Est-ce que tu pourras répondre **à toutes nos questions sur le Maroc** ?

— J'essayerai de/d' (6) _____ répondre, mais je ne saurai peut-être pas toutes les réponses.

— As-tu demandé **à ton guide** de te montrer **la ville de Casablanca** ?

— Oui, je (7) _____ ai demandé de me (8) _____ montrer.

— Est-ce que ton guide **t'**a laissé aller où tu voulais ?

— Oui, plus ou moins, il (9) _____ a laissé visiter toute la ville.

— Est-ce que tu penses souvent **à ce voyage** ?

— Oui, je/j' (10) _____ pense souvent.

08-13 Jules va à l'Île Maurice. Sélectionnez le pronom qui convient.

Jules a contacté un agent de voyage. Il [le, lui] a demandé quelle était la meilleure saison pour voyager à l' Île Maurice. Novembre à avril est la meilleure époque pour [en, y] aller, a-t-il répondu. Jules a posé des questions sur le climat et il [en, y] a posé aussi sur la culture de l'île et la langue qu'on parle. Bien que l'anglais soit la langue officielle, on entend beaucoup de français. Jules était content qu'on [l', la] utilise encore parce que son anglais est médiocre. Jules a expliqué qu'il allait en vacances avec sa femme et deux adolescents. L'agent a dit que l'île [les, leur] enchanterait. Les plages de sable blanc et l'océan [les, leur] permettraient de nager ou de faire de la voile et de la plongée et la multitude de cultures [les, leur] fascinerait. Ils [y, en] découvriraient des traditions et des fêtes africaines, chinoises et indiennes.

08-14 Jules va à l'Île Maurice. Relisez le texte précédent. Dites si ces déclarations sont vraies ou fausses.

1. Jules veut aller à la Réunion.

    a. vrai   b. faux

2. Jules a contacté un agent de voyage.

    a. vrai   b. faux

3. La meilleure saison pour aller dans les îles de l'Océan Indien est l'hiver en France.

    a. vrai   b. faux

4. La langue officielle de l'Île Maurice est le français.

    a. vrai   b. faux

5. Jules va voyager avec sa femme et sa fille.

    a. vrai   b. faux

6. Les plages de l'Île Maurice sont magnifiques.

    a. vrai   b. faux

7. L'île est idéale pour les activités nautiques.

    a. vrai   b. faux

8. La culture de l'île est homogène.

    a. vrai   b. faux

08-15 Journal de réflexions personnelles. Danny Laferrière dit qu'il ne veut pas parler d'exil en pensant à sa vie à Montréal. Il préfère le mot voyage. Pourquoi le mot exil a-t-il une connotation négative ? Que suggère le mot voyage ?

_____

_____

_____

_____

_____

_____

_____

_____

Ordre des pronoms personnels

08-16 L'exposé de Christine. Christine a préparé un exposé sur Haïti. Le reste de la classe lui pose des questions. Complétez les réponses de Christine en utilisant le ou les pronom(s) personnel(s) nécessaire(s).

1. Oui, le Sud de l'île _____ est situé.

2. Non, à l'exception de Port-au-Prince, il n'y _____ a pas.

3. Environ la moitié _____ parle.

4. Oui, je vais _____ _____ décrire.

5. Oui, on _____ _____ cultive.

6. Non, ils ne _____ _____ vendent pas.

7. Oui, elle _____ _____ donne beaucoup.

8. Oui, elle s' _____ intéresse.

9. Oui, il _____ _____ célèbre.

10. Oui, elle s' _____ inspire.

08-17 La réception. Choisissez dans la colonne de droite le pronom qui convient.

_____ 1. Anissa prépare-t-elle les gâteaux ? Oui elle _____ prépare.

a. la

_____ 2. Va-t-elle les mettre sur un joli plat pour les servir ? Oui, elle va les _____ mettre.

b. leur

_____ 3. Va-t-elle prendre des tasses dans le buffet ? Bien sûr, elle va _____ prendre.

c. le leur

_____ 4. Aïcha met la table, n'est-ce pas ? Oui, elle _____ met.

d. en

_____ 5. On sert du café avec les gâteaux ? On _____ sert du très fort.

e. les

_____ 6. Et aux enfants, on donne du café ? Non on ne _____ donne pas de café.

f. leur en

_____ 7. On offre aux enfants de la limonade ? Oui, on _____ offre.

g. y

_____ 8. Qui va servir le café aux invités ? Maman va _____ servir.

h. en

08-18 Dany Laferrière. Sélectionnez le pronom qui convient.

Journaliste : Dans votre dernier livre, vous parlez du séisme à Haïti.

Laferrière : Oui, j' [en, y, de lui] parle.

Journaliste : Étiez-vous à Port-au-Prince en janvier 2010 ?

Laferrière : Oui, j'[en, y, le] étais.

Journaliste : Né à Port-au-Prince, vous avez dû renoncer à votre nationalité ?

Laferrière : J'ai dû [en, y, elle] renoncer. Je suis canadien maintenant.

Journaliste : Vous avez fui la dictature de Duvalier ?

Laferrière : J'ai voulu [en, y, elle] échapper.

Journaliste : Vous avez publié votre premier livre aux États-Unis, n'est-ce pas ?

Laferrière : Non je [en, l', le] ai publié à Montréal.

Journaliste : Est-ce que ce livre a plu aux lecteurs ?

Laferrière : Oui, il [eux, les, leur] a plu.

Journaliste : Vos livres sont autobiographiques. Pensez-vous à vos amis quand vous écrivez vos livres ?

Laferrière : Je pense à [eux, leur, y] et à ma famille aussi.

Journaliste : Vous tenez à vos tantes et cousines ? Les voyez-vous souvent ?

Laferrière : Oui, je tiens énormément à [elles, leur, y]. Oui, souvent.

Journaliste : Avez-vous donné des copies de vos livres à vos amis ?

Laferrière : Naturellement, je [eux, les, leur] ai envoyé des exemplaires.

Journaliste : Vous intéressez-vous à la créolité ?

Laferrière : Je n'ai pas besoin de m' [en, la, y] intéresser. Elle est en moi.

08-19 Caroline parle de son voyage et de ses projets. Pour chaque paire de phrases, remplacez les traits par le pronom (**COD, COI**) qui correspond aux mots soulignés ou par **y** ou **en**, selon le cas.

1. J'ai envoyé <u>des cartes postales de Tunisie</u> <u>à tous mes amis</u>.

   Je _____ _____ ai envoyé.

2. En arrivant, j'ai donné <u>mon passeport</u> <u>à l'agent</u>.

   Je _____ _____ ai donné.

3. Paul, lui, avait oublié de mettre <u>son visa et son passeport</u> <u>dans son bagage à main</u>.

   Paul avait oublié de _____ _____ mettre.

4. J'ai demandé <u>au guide</u> de <u>me</u> montrer <u>quelques beaux produits en cuir de Tunisie</u>.

   Je _____ ai demandé de _____ montrer quelques-uns.

5. Notre guide <u>nous</u> a présenté <u>la célèbre mosquée de la ville</u>.

   Notre guide _____ _____ a présentée.

6. On peut voir <u>des fresques incroyables</u> <u>dans cette mosquée</u>.

   On peut _____ _____ voir.

7. Les guides lisent souvent <u>les plus beaux passages du Coran</u> <u>aux touristes</u>.

   Les guides _____ _____ lisent souvent.

8. Le guide a suggéré que je mette <u>mon appareil</u> <u>dans mon sac</u> pendant la visite.

   Il a suggéré que je _____ _____ mette.

9. Tu songeras <u>à ce voyage</u> pour le reste de ta vie, n'est ce pas ?

   J'_____ songerai pour le reste de ma vie.

10. Vas-tu <u>nous</u> offrir <u>un beau cadeau</u> à chacun ?

    Je vais _____ _____ offrir un à chacun.

08-20 Colonisation. Remettez les réponses dans l'ordre qui convient et enregistrez-les.

1. Avez-vous étudié en classe les effets de la colonisation ?

   avons les nous étudiés

2. La colonisation a-t-elle affecté la culture des pays africains ?

   l'affectée elle a

3. Les hommes politiques parlent-ils aux citoyens des effets néfastes de la colonisation ?

   en leur rarement parlent ils

4. Est-ce que vous discutez de la colonisation dans vos cours de français ?

   discutons en nous quelquefois y

5. As-tu déjà présenté à tes camarades tes idées sur la colonisation ?

    leur je les présentées ai ne encore pas

6. Les Français ont des difficultés à parler de la colonisation, n'est-ce pas ?

    oui, beaucoup ils ont en

7. Crois-tu que les anciennes colonies se méfient des hommes politiques européens ?

    méfient d' sûrement se eux elles

8. Les auteurs francophones africains insèrent-ils dans leurs livres leurs idées sur la colonisation ?

    ils souvent y les insèrent

L'impératif avec les pronoms personnels

08-21 Ordres ! Choisissez la réponse correcte.

1. Il faut me donner votre passeport. Donnez-[me le, le moi] !

2. Dis à Anissa de ne pas oublier son billet d'avion dans son appartement ! Ne [y le, l'y] oublie pas !

3. Ne donne pas tes clés à Marc ! Ne [lui les, les lui] donne pas !

4. Ne me donne pas ton passeport ! Je perds tout. Ne [me le, le moi] donne pas !

5. Parle-nous de ton voyage ! Parle-[en nous, nous en] !

08-22 Charlie part pour le Maroc. Charlie demande à son ami Nassim de l'aider à faire ses valises pour des vacances au Maroc. Pour chaque pronom **en gras**, choisissez tous les référents possibles.

1. Mets-**le** dans ma petite valise s'il te plaît !

    a. le passeport   b. le visa   c. la carte d'embarquement   d. le guide de visite

2. Ne **les** oublie pas !

    a. les clés   b. les lunettes de soleil   c. la crème solaire   d. l'appareil photo

3. Mets-**y** mon réveil matin !

    a. le guide   b. la valise   c. le sac   d. le livre

4. Ouvre-**le** !

    a. la valise   b. la porte   c. le placard   d. le guide

5. Sors-**les** !

    a. mes chemises   b. mon maillot de bain   c. mes sandales   d. mes tennis

08-23 En Tunisie. Mettez les phrases à l'impératif en remplaçant les mots soulignés par le pronom personnel qui convient ou par **y** ou **en,** selon le cas.

MODÈLE :   Vous donnez <u>votre billet</u> <u>à l'agent</u>.

                         Donnez-le-lui !

Tu envoies <u>des cartes postales de Djerba</u> <u>à ta tante</u>.

1. _____ !

Nous donnons <u>notre valise</u> <u>au porteur</u>.

2. _____ !

Tu lis <u>le guide</u> <u>à tes amis</u>.

3. _____ !

Vous <u>nous</u> parlez <u>de votre voyage</u>.

4. _____ !

Vous me décrivez <u>la culture tunisienne</u>.

5. _____ !

08-24 Léopold ne veut pas quitter le Sénégal. Choisissez dans la colonne de droite l'option qui correspond à la phrase dans la colonne de gauche.

_____ 1. Léopold habite au Sénégal.

_____ 2. Sa mère veut envoyer Léopold en France.

_____ 3. Léopold ne veut pas quitter son pays.

_____ 4. Sa mère va manquer à Léopold.

_____ 5. Léopold ne pourra plus écouter le griot de son village.

_____ 6. Le soir, le griot raconte des histoires à Léopold.

a. Il en raconte.

b. Elle va lui manquer.

c. Il lui en raconte.

d. Il n'en écoutera plus.

e. Léopold y habite.

f. Elle veut l'y envoyer.

g. Il les lui raconte.

h. Il va lui manquer.

i. Il ne pourra plus l'écouter.

j. Il ne veut pas le quitter.

k. Il ne veut pas la quitter.

Pronoms toniques

08-25 Où va-t-on? Choisissez la réponse correcte.

1. Mon meilleur ami, Kevin et [me, moi] allons faire un voyage ensemble mais Kevin, [le, lui], est toujours en retard.

2. C'est pourquoi [lui et moi, nous et lui] irons ensemble à l' aéroport.

3. Mais [me, moi], je lui ai dit que notre avion partait une heure avant l'heure du départ !

4. J'ai d'autres amis qui sont plus organisés que Kevin. Quand je pars avec [eux, leur] il' n'y a jamais de problème.

5. Cependant, je dois dire que je m'entends mieux avec [le, lui] qu'avec [leur, eux].

08-26 Béatrice et Jean-Luc comparent leurs voyages. Écoutez les questions de Béatrice et complétez les réponses de Jean-Luc avec le pronom tonique qui convient.

1. _____, j'ai fait un voyage au Québec.

2. Oui, j'y suis allé avec _____ .

3. Oui, c'est _____ qui avons organisé le voyage.

4. _____, j'ai préféré la ville de Québec.

5. _____, ils ont préféré Montréal parce que la vie y est plus active.

6. Oui, elle a pu venir avec _____ .

7. Oui, _____ et _____ nous avons flâné dans le Vieux Québec.

8. _____, j'y suis allé, mais _____, elle n'a pas voulu m'accompagner.

9. Oui, _____ et _____ avons visité le Canyon Sainte-Anne.

10. Non, _____, je n'ai pas eu cette impression du tout !

08-27 Au Caire. Pour chaque pronom tonique **en gras**, choisissez **tous** les référents possibles.

1. Moi, j'ai visité Le Caire, la capitale de l'Égypte, il y a un mois. Et **vous** ? Avez-vous jamais visité Le Caire ?

    a. Valérie   b. Valérie et Véronique   c. Maman   d. cousine Joëlle

2. J'y suis allée avec **eux**.

    a. Maman   b. Maman et Grand-père   c. Maman et Grand-mère   d. mes frères et sœurs

3. Ni **elle** ni **lui** n'ont voulu monter à dos de chameau.

    a. Maman et Grand-père

    b. Maman et Grand-mère

    c. mes frères et sœurs

    d. ma petite sœur et mon petit frère

4. J'ai pensé à **lui** pendant le voyage.

    a. cousine Joëlle

    b. mon fiancé

    c. mon professeur d'archéologie

    d. mon père

5. **Nous**, nous étions très heureux d'avoir visité l'Égypte.

    a. moi et Maman

    b. mes frères et sœurs

    c. moi et Maman et Grand-père

    d. ma cousine Joëlle et mes frères et sœurs

08-28 Voyage au Maghreb. Remplacez les mots soulignés par le pronom tonique qui convient.

1. Parmi nous, il n'y a qu'<u>Assia</u> qui puisse parler arabe.

    Parmi nous, il n'y a que/qu' _____ qui puisse parler arabe.

2. Après quelques semaines, nous nous sommes habitués <u>à tous nos guides</u>.

    Après quelques semaines, nous nous sommes habitués à _____.

3. Ni <u>Karim</u> ni <u>Maryam</u> n'ont lu le Coran en entier mais ils le connaissent.

    Ni _____ ni _____ n'ont lu le Coran en entier mais ils le connaissent.

4. Nous sommes très contents <u>des guides que nous avons eus pendant notre voyage</u>.

    Nous sommes très contents de/d' _____.

08-29 Rencontres francophones. Choisissez le pronom qui convient.

1. J'ai des amis antillais. Mon frère _____ a des amis sénégalais.

    a. il   b. lui   c. eux

2. Cet été, mes parents vont voyager en Suisse. _____ je veux découvrir le Sénégal.

    a. elle   b. moi   c. toi

3. Pendant que je serai en Afrique, mes jeunes frères _____ seront au Québec.

   a. ils   b. vous   c. eux

4. _____ tu voyages beaucoup et je t'envie.

   a. tu   b. vous   c. toi

5. Je voyage avec des amis. Viens avec _____.

   a. nous   b. eux   c. elles

6. Tes amis s'intéressent-ils aux artistes francophones ? Oui, ils s'intéressent à _____.

   a. y   b. eux   c. ils

08-30 Mounira et Abdul. Sélectionnez le pronom qui convient.

moi	toi	lui	elle	nous	vous	eux	elles	y	en

1. _____ il vient du Maroc, _____ je viens de Tunisie.

2. Je suis tombée amoureuse de _____ il y a plus d'un an.

3. Mes parents habitent à Tunis, ses parents _____ sont installés en France depuis sa naissance.

4. Nous allons tous nous rencontrer cet été. Mes parents vont venir à Paris et rester chez _____, leur fille.

5. Nous allons faire une réservation dans un restaurant. Tous les quatre vont venir avec _____.

6. Ensuite, nous nous promènerons mais les femmes vont faire des achats pour _____ -mêmes.

7. Nous allons ensuite parler de notre futur mariage. Ma mère, _____, voudrait le faire en Tunisie.

8. Cette idée me plaît et _____ aussi j'aimerais y trouver une salle élégante au bord de la mer.

9. Abdul est d'accord mais il ne veut pas trop d'invités. Mes parents, _____, hélas, en auront beaucoup.

10. Abdul et moi nous nous disputons rarement mais il me dit quelquefois :
    « _____, tu veux toujours avoir raison! »

Tous les pronoms

08-31 Aïcha est amoureuse. Aïcha voudrait se marier avec Bernard. Regardez les images et indiquez l'option qui correspond le mieux à l'image.

MODÈLE :

a. Aïcha en achète.

b. Aïcha les lui donne.

c. Aïcha n'en veut pas

d. Aïcha les y met.

Reponse: _____a_____

1.

a. Aïcha y pense.

b. Aïcha pense à lui.

c. Aïcha lui parle.

d. Aïcha en parle.

Reponse: _____

2.

a. Aïcha la lui donne.

b. Aïcha pense à elle.

c. Aïcha la lui demande.

d. Aïcha y pense.

Reponse: _____

3.

a. Bernard la lui donne.

b. Bernard la lui demande.

c. Bernard y pense.

d. Bernard pense à lui.

Reponse: _____

08-32 Études francophones. Répondez aux questions suivantes en remplaçant les mots soulignés par le pronom personnel qui convient ou par **y** ou par **en.**

1. Est-ce que vous trouvez les études francophones intéressantes ?

   Oui, je _____ trouve intéressantes.

2. Est-ce que vous vous intéressez à <u>Assia Djebar</u> ?

   Oui, je m'intéresse à _____ .

3. Pensez-vous souvent <u>à la culture algérienne</u> après avoir lu le texte de Djebar ?

   Oui, je/j' _____ pense souvent.

4. Est-ce que la narratrice dans l'histoire de Djebar a peur <u>de l'avenir</u> ?

   Oui, elle _____ a peur.

5. Aimeriez-vous faire un voyage d'études au Sénégal ?

   Oui, j'aimerais _____ _____ faire un.

6. Est-ce que Mokrane va vous lire le journal de ses voyages en Afrique ?

   Oui, il va _____ _____ lire.

7. Est-ce que Tamsir t'a donné à lire son essai sur Maryse Condé ?

   Oui, il _____ _____ a donné à lire.

08-33 Mélange. Répondez aux questions suivantes en remplaçant les mots soulignés par le pronom personnel qui convient ou par **y** ou par **en**.

1. À votre avis, est-il facile de s'habituer à une culture différente ?

   Non, il n'est pas facile de se/s' _____ habituer.

2. Est-ce qu' Aïcha est contente de ses vacances au Maroc ?

   Non, elle ne/n' _____ est pas contente.

3. Est-ce qu' Ibrahim pense trop à ses parents quand il est à l'université ?

   Oui, il pense trop à _____ quand il _____ est.

4. En matière de droit de l'immigration, peut-on se fier à Maryam et Charlotte ?

   Non, on ne peut pas se fier à _____ .

5. Est-ce que Mansi s'occupe des enfants de sa sœur ?

   Oui, elle s'occupe de/d' _____ .

6. Y a-t-il des documents importants dans la valise de Mariama ?

   Oui, il _____ _____ a.

7. Avez-vous jamais oublié de mettre vos papiers dans votre sac ?

   Non, je n'ai jamais oublié de _____ _____ mettre.

08-34 Ananda Devi. Écoutez ce passage et ensuite choisissez **dans chaque ligne** les réponses qui conviennent.

1. Décrivez l'identité d'Ananda Devi.

   africaine   francophone   indienne   mauricienne

2. Quelles langues parle-t-elle ?

   anglais   créole   français   télougou

3. Quels sujets académiques l'intéressent ?

   anthropologie   ethnologie   littérature   psychologie

4. Quelles questions aborde-t-elle dans ses romans ?

exclusion   identité   langue   racisme

5. Quels adjectifs décrivent son style.

lyrique   poétique   réaliste   tragique

6. Quels thèmes évoque-t-elle dans son œuvre ?

affranchissement   enfermement   prostitution   solitude

 08-35 Je visite le Québec. Écoutez le passage et ensuite répondez aux questions en choisissant **toutes** les options correctes.

1. Pourquoi le narrateur voulait-il aller au Québec ?

   a. Il avait étudié l'histoire de la région.

   b. Il ne parlait que le français.

   c. Il avait peur de ne rien comprendre dans un pays non-francophone.

   d. Il adorait la nature.

2. Qu'est-ce que le narrateur et ses copains ont fait en ville ?

   a. Ils ont visité les ruines de la vieille ville.

   b. Ils ont vu des galeries d'art.

   c. Ils se sont promenés dans les petites rues du Vieux Québec.

   d. Ils sont entrés dans des boutiques.

3. Qu'est-ce qu'ils ont vu au Canyon Sainte-Anne ?

   a. une grande chute d'eau

   b. des ponts suspendus

   c. des forêts

   d. la Basilique Sainte-Anne

4. Pourquoi le narrateur apprécie-t-il les Québécois ?

   a. Ils ont crée une nouvelle culture unique.

   b. Ils parlent français.

   c. Ils sont gentils.

   d. Ils ont conservé leur héritage français.

08-36 Dictée. Mon voyage au Québec. Vous allez écouter ce récit en entier. Puis chaque phrase sera relue et vous la retranscrirez.

_____

_____

_____

_____

_____

08-37 Mots croisés. Complétez avec les mots qui conviennent.

Horizontalement

1. plan

4. pronom COD, masculin singulier

7. livre utile quand on est touriste

9. quelqu'un qui aime la France

11. essentiel pour envoyer une lettre par la poste

13. explorer les bagages

Verticalement

2. permet de prendre des photos

3. objet que l'on ramène pour se rappeler un endroit que l'on visite

5. voyage dans une région que l'on visite

6. pronom COI, singulier

8. employé aux frontières

10. pronom tonique, 3ème personne masculin pluriel

12. pronom tonique 1ère personne

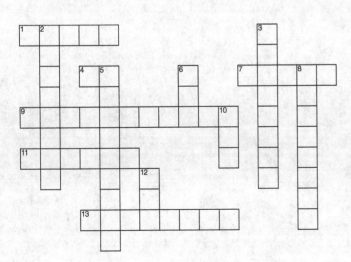

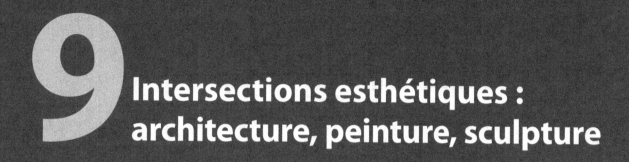

9 Intersections esthétiques : architecture, peinture, sculpture

Prononciation

09-01 Quelques mots. Prononcez et enregistrez les mots suivants. Attention à la prononciation du son [ch] et du son [j].

[ch / ʃ]	[j / ʒ]
chant	jeune
architecte	tragédie
gauche	dramaturge
riche	paysagiste
chevalet	argile
achat	tirage
chapeau	nuage
chance	joli
chef-d'œuvre	jaune
changement	journal

09-02 D'autres mots. Écoutez les mots, copiez-les et notez si les sons que vous entendez sont identiques ou non.

1. _____ identique   différent

2. _____ identique   différent

3. _____ identique   différent

4. _____ identique   différent

5. _____ identique   différent

6. _____ identique   différent

7. _____ identique   différent

8. _____ identique   différent

9. _____ identique   différent

10. _____ identique   différent

Vocabulaire

09-03 Les outils de l'artiste. Remplacez les traits par le mot qui convient. N'oubliez pas de faire tous les accords nécessaires.

appareil photo	chanson	toile	tableau	chanter
dramaturge	atelier	faire des photos	peindre	pinceau

1. Le (1) _____ écrit des pièces de théâtre.

2. Le peintre utilise un (2) _____ et une (3) _____

    pour (4) _____ ses (5) _____. Il travaille souvent

    dans son (6) _____.

3. Un musicien écrit des (7) _____, mais il ne peut pas toujours

    (8) _____.

4. Le photographe aime (9) _____ avec son (10)

    _____.

09-04 Qu'en pensez-vous ?

09-04A Emilie, une étudiante américaine, visite Paris avec son copain parisien, Pierre. Écoutez leur conversation.

A. Maintenant, indiquez la réponse correcte aux questions que vous entendez. :

1. 🔊

a) 🔊   b) 🔊   c) 🔊   d) 🔊

2. 🔊

a) 🔊   b) 🔊   c) 🔊   d) 🔊

3. 🔊

a) 🔊   b) 🔊   c) 🔊   d) 🔊

4. 🔊

a) 🔊   b) 🔊   c) 🔊   d) 🔊

5. 🔊

a) 🔊   b) 🔊   c) 🔊   d) 🔊

B. Choisissez **toutes** les réponses qui conviennent.

6.

    a. Elle veut faire des photos de toutes les perspectives possibles.

    b. Elle veut vendre ses photos.

    c. Elle veut devenir photographe.

    d. Elle étudie l'architecture.

7.

    a. le Musée d'Orsay

    b. le Musée du Louvre

    c. le Musée Rodin

    d. le Musée de Cluny

8.

    a. la sculpture

    b. la photographie

    c. la peinture

    d. la tapisserie

9.

    a. Rodin

    b. Monet

    c. Camille Claudel

    d. Degas

09-04B À vous de parler. Enregistrez vos réponses aux questions suivantes.

1. Pour quelles raisons est-ce qu'Emilie prend tant de photos de Notre Dame ?

2. Quel est le sujet principal du cours d'histoire de l'art qu'Emilie suit ?

3. Est-ce que vous vous intéressez à l'architecture ? Pourquoi ou pourquoi pas ? Êtes-vous d'accord avec le prof d'Emilie que l'architecture représente l'âme de toute une culture ? Élaborez.

09-05 Tous les membres de ma famille sont artistes, sauf moi ! Remplacez les traits par le mot de la liste qui convient. Faites attention à tous les accords.

appareil numérique	vitrail	doué	arc-boutant	don
peinture à l'huile	l'aquarelle	estompé	gargouille	texture

Tous les membres de ma famille sont des artistes très (1) _____. Mon père, par

exemple, est un excellent photographe. Il a toutes sortes d'appareils, mais comme il adore la technologie,

il préfère son (2) _____. Il admire l'architecture du Moyen Âge, alors il aime

prendre en photo les (3) _____, les (4) _____, et les

(5) _____ des églises, comme à Notre Dame de Paris. Ma mère aussi est artiste.

Elle préfère la (6) _____ parce qu'elle aime la (7) _____

des couleurs. Ma sœur, par contre, préfère peindre à (8) _____ parce que les

couleurs sont plus claires et (9) _____. Je suis le seul de ma famille à ne pas

avoir de (10) _____ artistique, mais j'admire la créativité des autres.

09-06 L'artiste et son art. Écrivez l'art qui correspond à la profession que vous entendez.

MODÈLE :   Vous entendez :   chanteur

Vous écrivez :   *chant*

1. _____

2. _____

3. _____

4. _____

5. _____

6. _____

7. _____

8. _____

9. _____

10. _____

09-07 Qu'en pensez-vous ? Plus tard Emilie et Pierre regardent les photos qu'Emilie a prises. Écoutez leur conversation.

A. Indiquez si les phrases que vous entendez sont vraies (Vrai) ou fausses (Faux).

1. Vrai   Faux

2. Vrai   Faux

3. Vrai   Faux

4. Vrai   Faux

B. Choisissez **toutes** les réponses qui conviennent.

5.

    a. les vitraux

    b. les voûtes

    c. les arcs-boutants

    d. les gargouilles

6.

    a. un vitrail

    b. une voûte

    c. un arc-boutant

    d. une gargouille

7.

    a. Emilie a un appareil photo professionnel.

    b. Emilie a utilisé une lentille spéciale.

    c. Emilie a accès à un cabinet noir.

    d. Emilie a un numérique.

09-07B À vous de parler. Enregistrez vos réponses aux questions suivantes.

1. Pourquoi Emilie demande-t-elle à Pierre de l'aider ?

2. Qu'est-ce qu'Emilie veut faire de ses photos ?

3. Avez-vous jamais préparé des diapositives pour une présentation PowerPoint ? Décrivez votre présentation.

4. Aimez-vous faire des photos ? Pourquoi ou pourquoi pas ? Quels sont vos sujets préférés ? Pourquoi ?

Verbes pronominaux

09-08 Laurine la curieuse. Laurine est très curieuse et pose constamment des questions à sa sœur Béatrice. Complétez les réponses de Béatrice en mettant les verbes à la forme pronominale. N'oubliez pas de mettre les verbes à la forme négative, lorsqu'il le faut (*ne… pas, ne… jamais*).

MODÈLE :   Vous entendez :   Est-ce que tu t'en vas maintenant ?

               Vous écrivez :   Oui, je *m'en vais* tout de suite.

1. Oui, je _____ .

2. Non, je _____ à peindre récemment.

3. Oui, je _____ à des cours.

4. Oui, ils _____ bien.

5. Oui, nous _____ énormément.

6. Oui, nous _____ quelquefois.

7. Non, ils _____ .

8. Non, il _____ .

9. Oui, nous _____ très bien.

10. Non, nous _____ tout de suite ; mais tu es trop curieuse.

09-09 Claire va à son cours d'histoire de l'art. Choisissez dans la colonne de droite le verbe pronominal qui exprime le mieux la situation décrite dans la colonne de gauche.

_____ 1. Claire est en retard pour son cours d'histoire de l'art. Elle …

_____ 2. Quand elle arrive au cours elle remarque qu'il n'y a personne.
Elle … que la classe est vide.

_____ 3. Elle soupçonne que le prof a annulé le cours. Elle …

_____ 4. Elle aime bien son prof et il semble l'apprécier. Elle … bien avec lui.

_____ 5. Après le cours, Claire se repose. Elle …

_____ 6. Comme cette fois-ci le cours a été annulé, Claire part. Elle …

a. se détend

b. s'en va

c. se dépêche

d. s'entend

e. s'aperçoit

f. s'en doute

09-10 Une visite au Musée Rodin. Remplacez les traits par le verbe pronominal de la liste qui convient au temps indiqué entre les parenthèses. N'utilisez chaque verbe qu'une seule fois.

se lever	se passer	se réveiller	s'arrêter	s'habiller
se moquer	se fâcher	se détendre	se disputer	se coucher
s'en aller	se demander	se contenter	se souvenir	s'impatienter

L'été dernier, mon ami Georges et moi avons passé nos vacances à Paris. Comme j'admire énormément les

sculptures de Rodin, naturellement je voulais visiter le Musée Rodin. J'ai convaincu Georges, qui n'aime pas

l'art, de m'accompagner. Alors le jour de la visite, je (1) _____ (passé composé) tôt

et j'ai essayé de réveiller Georges. Puisqu'il (2) _____ (plus-que-parfait) tard la veille,

il ne voulait pas (3) _____ (infinitif). Je (4) _____

(passé composé) contre lui, et finalement, il (5) _____ (passé composé) et on

est parti pour le musée. Comme Georges ne peut pas (6) _____ (infinitif)

de son café le matin, on a dû (7) _____ (infinitif) dans un café où on

(8) _____ (passé composé) pendant une demi-heure. On est finalement

arrivé au Musée Rodin, mais Georges avait oublié son portefeuille. Je (9) _____

(passé composé), on (10) _____ (passé composé), et Georges

(11) _____ (passé composé) fâché. Je (12) _____

(passé composé) de visiter le musée seul et je (13) _____ (passé composé) pourquoi

j'avais voulu venir avec Georges. Après tout, il n'aime pas l'art et il (14) _____

(présent) des artistes, disant qu'ils n'ont pas du tout l'esprit pratique. Je pense que ma visite au Musée Rodin

était mille fois plus agréable sans Georges et je (15) _____ (futur) toujours des

sculptures que j'ai vues.

09-11A Les artistes de ma famille. Sélectionnez la forme correcte du verbe.

Tous les membres de ma famille (1) [s'intéresse, s'intéressent] à l'art. Tous, nous (2) [se consacrent, nous

consacrons] soit à la peinture, soit au dessin ou à la photographie et même à l'architecture. Mon père,

par exemple, (3) [se mettre, s'est mis] à faire des photos tout petit avec des appareils rudimentaires mais

aujourd'hui, il est photographe professionnel et ne peut (4) [se passe, se passer] des outils les plus perfectionnés.

Ma mère, elle, est dessinatrice de mode. Ses parents (5) [s'aperçoivent, se sont aperçus] qu'elle était douée pour

le dessin quand elle avait cinq ans. Ils l'ont encouragée et son sens artistique (6) [se développe, s'est développé].

Ma mère (7) [s'est rendu compte, s'est rendue compte] que le métier de styliste l'intéressait et elle (8) [s'inscrit,

s'est inscrite] d'abord aux Beaux-arts et ensuite dans une école spécialisée. Mon frère, Paul, lui, est le peintre

de la famille. Au début, il (9) [se contente, se contentait] de dessiner mais maintenant, il (10) [s'exprime,

s'est exprimé] dans des tableaux abstraits qui ont beaucoup de succès. Quant à moi, j'ai fait des études

d'architecture. Je (11) [me souviens, se souvient] d'avoir été fascinée très jeune par l'urbanisme et de

(12) [s'être amusée, m'être amusée] à construire des maisons de bois et des villes quand j'étais petite.

09-11B Les artistes de ma famille. Relisez le texte précédent. Dites si ces déclarations sont vraies ou fausses.

1. Les membres de la famille s'intéressent à la musique.
   a. vrai   b. faux

2. Le père est photographe professionnel.
   a. vrai   b. faux

3. Le père utilise des appareils modernes.
   a. vrai   b. faux

4. La mère est artiste. Elle se spécialise en design.

    a. vrai   b. faux

5. La mère est allée à l'école des beaux-arts.

    a. vrai   b. faux

6. Paul fait des tableaux réalistes.

    a. vrai   b. faux

7. La narratrice est architecte.

    a. vrai   b. faux

8. L'architecture est une passion qu'elle a découverte à l'université.

    a. vrai   b. faux

09-12A Vincent Van Gogh. Sélectionnez la forme correcte du verbe.

Van Gogh est né en 1853 aux Pays-Bas. Fils d'un pasteur et neveu d'un marchand d'art, il (1) [se lance, se lançait] d'abord dans le commerce et ensuite dans la théologie mais sans grand succès. À vingt-sept ans, il commence à (2) [s'intéresse, s'intéresser] à la peinture, d'abord à Bruxelles et à La Haye, puis en France. En 1886, il (3) [s'installe, s'installer] à Paris auprès de son frère Théo. Très vite, il (4) [s'adapte, s'adapter] à la vie parisienne et va (5) [se lie, se lier] d'amitié avec les Impressionnistes dont il veut (6) [s'inspire, s'inspirer]. (7) [S'intéresse, S'intéressant] à leurs techniques et leur travail sur la lumière, il joue alors avec les couleurs et (8) [s'avance, s'avancer] vers la stylisation. À cette époque, il peint des natures mortes et fait de nombreux portraits et scènes de rues. Ses amis et lui vont (9) [s'influencent, s'influencer] mutuellement. Voulant (10) [s'améliorant, s'améliorer], il décide de (11) [s'inscrit, s'inscrire] également à des cours de peinture mais les abandonne très vite. Fatigué de l'agitation, du bruit et du froid de Paris, il (12) [se rend, se rendre] à Arles où il parvient à (13) [s'intègre, s'intégrer] difficilement mais qui sera une grande source d'inspiration. Beaucoup de ses paysages les plus célèbres évoquent la Provence. (14) [Se plaignant, Se plaindre] d'entendre des voix, il entre dans un hôpital psychiatrique à Saint-Rémy où il continuera à créer de splendides toiles colorées. De retour dans la région parisienne, il (15) [se suicidera, se suicider] en juillet 1890.

09-12B Vincent Van Gogh. Relisez ce passage et ensuite choisissez **dans chaque ligne** les réponses qui conviennent.

1. Quelles professions exerçaient les membres de la famille de Van Gogh ?

   avocat   marchand   médecin   pasteur

2. Quels sujets intéressent Van Gogh ?

   commerce   droit   peinture   théologie

3. Dans quelles villes Van Gogh a-t-il vécu ?

   Bruxelles   La Haye   Londres   Paris

4. À quelles techniques Van Gogh s'intéresse-t-il ?

   couleur   lignes de force   lumière   stylisation

5. Quels types de tableaux fait-il ?

   natures mortes   paysages   portraits   scènes de rues

6. Pour quelles raisons Van Gogh quitte-t-il Paris ?

   agitation   bruit   froid   solitude

7. Dans quelles villes de Provence Van Gogh a-t-il vécu ?

   Avignon   Arles   Aix   Saint-Rémy

8. Comment se termine sa vie ?

   hôpital   mariage   troubles psychiatriques   suicide

Les verbes pronominaux et l'accord du participe passé

09-13 Les quatre copains. Complétez avec le participe passé qui convient.

1. Un mardi après-midi, Pauline, Claire, Philippe, et Marc se sont _____ au café.

   a. retrouvé   b. retrouvés   c. retrouvée   d. retrouvées

2. Comme ils n'avaient pas de projets spécifiques, Pauline s'est _____ si le Musée d'Orsay était ouvert.

   a. demandé   b. demandés   c. demandée   d. demandées

3. Claire pensait que oui, puis elle s'est _____ compte que c'était mardi et …

   a. rendu   b. rendus   c. rendue   d. rendues

4. alors, elle s'est _____ que la plupart des musées français étaient fermés le mardi.

   a. souvenu   b. souvenus   c. souvenue   d. souvenues

5. Ensuite, Claire a proposé d'aller voir un film qui allait commencer dans une demi-heure. Les copains se sont un peu _____.

   a. querellé   b. querellés   c. querellée   d. querellées

6. Philippe et Marc ne voulaient pas y aller. Ils se sont _____ de rester au café et de bavarder.

   a. contenté   b. contentés   c. contentée   d. contentées

7. Pauline et Claire se sont _____ …

   a. levé   b. levés   c. levée   d. levées

8. et elles se sont _____ pour pouvoir arriver au cinéma à l'heure.

   a. dépêché   b. dépêchés   c. dépêchée   d. dépêchées

09-14 Sarah voudrait sa propre galerie. Choisissez l'option qui convient.

Sarah (1) [s'est mis, s'est mise] à étudier l'histoire de l'art parce qu'elle voulait avoir sa propre galerie.

Elle savait qu'elle avait besoin de savoir autant que possible sur l'évolution de l'art pour pouvoir acheter les

meilleurs œuvres des artistes contemporains. Alors, pendant deux ans, Sarah, qui n'est pas du tout matinale,

(2) [s'est levé, s'est levée] très tôt. Son emploi du temps était si dur qu'elle (3) [s'est rappelé, s'est rappelée]

chaque jour pourquoi elle allait à l'université. Sinon, elle aurait perdu le courage de suivre ses cours qui

n'étaient pas faciles du tout. Heureusement, Sarah (4) [s'est vite habitué, s'est vite habituée] à son emploi du

temps. Le jour où elle a obtenu son diplôme Sarah (5) [s'est rendu compte, s'est rendue compte] que tous ses

sacrifices en valaient la peine.

09-15 Michelle au Louvre. Michelle, une jeune étudiante américaine, a passé une année à Paris à étudier. Elle parle de sa première visite au Louvre. Mettez les verbes entre parenthèses au passé composé. Faites attention à l'accord du participe passé.

Le jour où j'ai décidé d'aller au Louvre, je (1) _____ (se réveiller) très tôt.

Je voulais arriver avant tous les autres gens parce que je ne voulais pas faire la queue pendant des heures.

Je (2) _____ (se doucher) et (3) _____ (s'habiller)

rapidement. Je (4) _____ (se brosser) les cheveux et les dents, et je

(5) _____ (partir) vers 9h. J'ai regardé le plan et je

(6) _____ (se demander) quel métro prendre pour arriver le plus vite au Louvre.

Malheureusement, je (7) _____ (se tromper) de station de métro, et alors je

(8) _____ (arriver) relativement tard le matin. Il y avait déjà une énorme queue !

J'ai dû faire la queue comme tout le monde. Quand je (9) _____ (se présenter) au

guichet pour acheter mon billet, je (10) _____ (se rendre compte) que j'avais

oublié mon portefeuille chez moi. Que je (11) _____ (se fâcher) contre

moi-même ! Je (12) _____ (se dépêcher) pour retourner chez moi et je

(13) _____ (revenir) avec le portefeuille. Heureusement pour moi, une dame

aimable qui sortait du Louvre et qui y travaillait, (14) _____ (se souvenir)

de moi et (15) _____ (s'occuper) de tout. Elle m'a dit de la suivre et elle m'a fait

entrer sans avoir à faire la queue. J'ai été émerveillée par tout ce que j'ai vu au Louvre !

09-16 Carla va au Musée d'Orsay. Choisissez la forme du verbe qui convient.

1. Nous nous sommes _____ de bonne heure.

   a. levé   b. levés   c. lever

2. Nous nous sommes _____ pour partir.

   a. préparé   b. préparés   c. préparer

3. Nous devions y rencontrer des amis. Nous nous étions _____ rendez-vous
   devant le musée à 9h.

   a. donné   b. donnés   c. donner

4. C'était tôt et j'ai dit à Gilles qui n'est pas matinal de se _____.

   a. dépêché   b. dépêchée   c. dépêcher

5. Il s'est _____ dans le métro. Naturellement, il y avait la foule.

   a. précipité   b. précipités   c. précipiter

6. Moi, j'ai commencé à m' _____ mais finalement nous sommes arrivés à temps.

   a. impatienté   b. impatientée   c. impatienter

7. Je voulais voir *Le Déjeuner sur l'herbe* de Manet et je me suis _____ pour
   demander à un guide où était le tableau.

   a. arrêté   b. arrêtée   c. arrêter

8. Mes amis, eux, souhaitaient monter tout de suite voir les Impressionnistes et nous avons commencé à nous _____ sur l'ordre de la visite.

    a. disputé   b. disputés   c. disputer

9. Finalement, ne voulant pas nous _____,

    a. fâché   b. fâchés   c. fâcher

10. nous nous sommes _____.

    a. séparé   b. séparés   c. séparer

11. Nous avons décidé de nous _____ à midi pour déjeuner.

    a. rencontré   b. rencontrés   c. rencontrer

12. Nous nous sommes _____ dans la salle de restaurant dorée du premier étage.

    a. rendu   b. rendus   c. rendre

09-17 Journal de réflexions personnelles. Est-ce que vous êtes artiste ou est-ce que vous aimeriez être artiste ? Quel rôle est-ce que l'art joue dans votre vie ?

_____

_____

_____

_____

_____

_____

_____

_____

L'infinitif et les prépositions

Avant de et *après*

09-18 Peintres du XIXème siècle. Associez le début de la phrase à la suite qui convient.

_____ 1. Courbet a provoqué un scandale

_____ 2. Cézanne ne connaissait pas le jeune Zola

_____ 3. Manet était peu connu

_____ 4. Monet a eu un fils avec Camille Doncieux

_____ 5. Van Gogh s'est coupé l'oreille

_____ 6. Degas est entré aux Beaux-arts

a. après s'être disputé avec Gauguin.

b. avant de se marier.

c. avant d'aller au lycée d'Aix.

d. après avoir fait de brèves études de droit.

e. avant d'exposer *Le Déjeuner sur l'herbe*.

f. après avoir peint des tableaux réalistes du peuple sur de grandes toiles.

09-19 Pauline décide de se spécialiser en histoire de l'art. Choisissez le verbe de la liste qui convient et mettez-le à l'infinitif présent ou passé, selon le cas.

s'inscrire	aller	obtenir	se renseigner	visiter

1. Avant de/d' _____ le Musée d'Orsay, Pauline a étudié les peintres impressionnistes pour mieux comprendre les œuvres d'art qu'elle allait voir.

2. Après _____ à ce musée merveilleux, elle a décidé d'étudier l'histoire de l'art.

3. Après _____ sur les divers programmes d'études en France et aux États-Unis, elle a décidé de rester en France.

4. Avant de/d' _____ à l'université, Pauline a parlé avec plusieurs professeurs de ses projets pour l'avenir.

5. Après _____ son doctorat en histoire de l'art, Pauline est rentrée aux États-Unis où elle est devenue professeur d'histoire de l'art français.

09-20 Cézanne. Choisissez, selon la logique de la phrase, l'option qui convient.

(1) [Avant de devenir, Après être devenu] célèbre, Cézanne est passé par une période difficile où tout le monde se moquait de lui. (2) [Avant d'écouter, Après avoir écouté] les conseils de ses amis Pissarro et Renoir, Cézanne a permis à Ambroise Vollard d'exposer quelques-uns de ses tableaux à Paris. (3) [Avant de voir, Après avoir vu] les tableaux de Cézanne, les critiques ont reconnu son talent. Bien que Cézanne soit devenu célèbre (4) [avant de mourir, après être mort], il n'a jamais voulu vivre dans la capitale. Il préférait le calme de la Provence.

09-21 Claire. Associez le début de la phrase à la suite qui convient.

_____ 1. Claire a acheté le catalogue de l'exposition après

_____ 2. Claire a suivi des cours de peinture avant

_____ 3. Claire a regardé le tableau avant

_____ 4. Claire s'est mise à peindre après

_____ 5. Claire a laissé sécher sa toile avant

_____ 6. Claire a nettoyé ses pinceaux après

_____ 7. Claire a dû faire plusieurs tableaux avant

_____ 8. Claire a vendu deux de ses œuvres après

a. d'entrer aux Beaux-arts

b. avoir choisi ses pinceaux

c. avoir fini de peindre

d. l'avoir visitée

e. de pouvoir exposer

f. de le reproduire

g. avoir vu un collectionneur

h. de la ranger

À ou *de*

09-22 Verbes. Écoutez ces verbes qui sont suivis d'une préposition devant le verbe à l'infinitif. Indiquez la préposition correcte.

1. à	de		9. à	de
2. à	de		10. à	de
3. à	de		11. à	de
4. à	de		12. à	de
5. à	de		13. à	de
6. à	de		14. à	de
7. à	de		15. à	de
8. à	de		16. à	de

09-23 La carrière de Marcel. Choisissez la préposition qui convient.

Marcel ne savait vraiment pas quelle carrière choisir. Ses parents lui conseillaient (1) [à, de] devenir avocat, mais Marcel hésitait (2) [à, de] poursuivre des études de droit. Il voulait devenir peintre, mais il savait que les artistes ne gagnaient pas beaucoup, à moins d'être très célèbres. Marcel n'avait pas envie (3) [à, de] mener une vie de pauvre. Que faire ? Quelle carrière choisir ? Alors, Marcel s'est finalement décidé (4) [à, de] suivre les conseils de ses parents, mais dans le domaine de l'art. Il irait à la fac de droit mais il essayerait (5) [à, de] travailler pour un musée pour défendre les droits des artistes et des collectionneurs.

09-24 La vie de Degas. Remplacez les traits par la préposition **à** ou **de,** selon le cas. Si une préposition n'est pas nécessaire, mettez une croix (X).

Le peintre impressionniste Edgar Degas est né à Paris en 1834. Il a grandi dans une famille bourgeoise

privilégiée et il a passé son enfance (1) _____ jouer avec ses quatre frères

et sœurs. Cependant, Degas a commencé (2) _____ peindre et

(3) _____ dessiner très jeune. En fait, de toutes ses activités, il préférait

(4) _____ dessiner. Après avoir obtenu son baccalauréat, Degas s'est

voué à l'art. Il aimait (5) _____ fréquenter la Bibliothèque nationale

où il s'intéressait (6) _____ étudier les estampes. Degas semblait

(7) _____ savoir intuitivement qu'il avait besoin

(8) _____ s'entraîner, alors il essayait (9) _____

copier les œuvres de grands artistes comme Albrecht Dürer et Rembrandt. Il voulait tellement

(10) _____ devenir un grand artiste lui-même qu'il s'est habitué

(11) _____ aller au Louvre. Il a choisi surtout (12) _____

étudier les peintres italiens et hollandais.

Comme Degas avait décidé (13) _____ devenir peintre, il avait envie (14)

_____ suivre des cours à l'École des Beaux-arts, à Paris. Là, il a appris (15)

_____ imiter le style des peintres classiques italiens. La famille de

Degas appréciait les beaux-arts et pour aider Degas (16) _____ développer son

talent artistique, ses parents l'ont encouragé (17) _____ voyager en Italie,

ce qu'il a fait plusieurs fois. C'est en Italie qu'il a eu la chance (18) _____

faire la connaissance de l'artiste Gustave Moreau et tous deux sont devenus amis. Bien que Degas ait

aimé (19) _____ voyager en France et à l'étranger, il était plus heureux

(20) _____ vivre à Paris. Malheureusement, à partir de 1875, à cause

de problèmes d'argent, Degas a été obligé (21) _____ peindre pour gagner

sa vie. Il était ravi (22) _____ voir le succès de ses tableaux de chevaux et de danseuses du ballet. Cependant, dans les années 80, comme la vue de Degas s'affaiblissait, il a cessé

(23) _____ peindre à l'huile. Pendant cette période, il préférait le pastel et

l'aquarelle. À partir de 1890, Degas a eu peur (24) _____ devenir complètement

aveugle, donc il s'est voué à la sculpture. Vers la fin de sa vie, ce grand artiste du mouvement impressionniste

refusait (25) _____ fréquenter ses amis et cet homme solitaire est mort en 1917.

Participe présent et gérondif

09-25 Cézanne. Dites si le mot **en gras** est un nom, un adjectif, un participe présent ou un gérondif.

1. **Souhaitant** une vie calme, Cézanne a passé ses jours dans la région d'Aix.

   a. adjectif   b. gérondif   c. nom   d. participe présent

2. Un jeune **commerçant** a organisé une exposition des toiles de Cézanne à Paris.

   a. adjectif   b. gérondif   c. nom   d. participe présent

3. **En voyant** ses tableaux, les autres impressionnistes se rendent compte de sa modernité.

   a. adjectif   b. gérondif   c. nom   d. participe présent

4. Peintre **étonnant**, Cézanne connaît longtemps l'incompréhension de ses contemporains.

   a. adjectif   b. gérondif   c. nom   d. participe présent

5. Seuls, quelques riches collectionneurs, **se laissant** tenter par le modernisme, achètent les toiles.

   a. adjectif   b. gérondif   c. nom   d. participe présent

6. **Préférant** à Paris le refuge de la Provence, il a passé peu de temps dans la capitale.

   a. adjectif   b. gérondif   c. nom   d. participe présent

7. Souvent, on le voit sur un chemin **zigzagant** de la Montagne Sainte-Victoire.

   a. adjectif   b. gérondif   c. nom   d. participe présent

8. **En travaillant** constamment, il réalise les portraits, les natures mortes qui se vendent aujourd'hui pour des millions de dollars.

   a. adjectif   b. gérondif   c. nom   d. participe présent

09-26 Faits divers sur plusieurs artistes. Écoutez les paires de phrases et combinez-les en donnant le participe présent ou la forme composée du participe présent du premier verbe.

MODÈLE :   Vous entendez :   Van Gogh s'est coupé l'oreille. Tout le monde a pensé qu'il était fou.

Vous écrivez :   Van Gogh *s'étant coupé* l'oreille, tout le monde a pensé qu'il était fou.

1. Caillebotte _____ beaucoup d'argent, a aidé ses confrères.

2. Cézanne _____ au lycée à Aix, est devenu ami avec Zola.

3. Degas ne _____ pas à la nature, a fait beaucoup de portraits.

4. Manet _____ attiré par la peinture, s'est inscrit aux Beaux-arts.

5. Gauguin _____ voyager, fait un séjour à Tahiti.

09-27 Oscar et Erick. Choisissez la forme verbale qui convient.

1. Erick est entré dans l'atelier d'Oscar …

   a. en courant   b. tout en courant

2. … l'aîné, Erick voulait toujours protéger son frère.

   a. Ayant été   b. Étant

3. … peindre lui-même, Erick admirait le talent de son cadet.

   a. N'ayant jamais pu   b. En ne pouvant pas

4. L'inspiration lui … , Oscar a voulu s'isoler dans la montagne.

   a. en manquant   b. manquant

5. … qu'ils seraient longtemps absents, les deux frères ont emporté beaucoup de provisions.

   a. Pensant   b. Tout en pensant

6. … les progrès d'Oscar, le père est venu voir les nouvelles toiles de son fils.

   a. Anticipant   b. Tout en anticipant

7. Le père, … les dessins absurdes d'Oscar, s'est mis en colère.

   a. en voyant   b. tout en voyant

09-28 Habitudes de plusieurs artistes. Écoutez les paires de phrases suivantes et combinez-les avec un gérondif.

MODÈLE :   Vous entendez :   Manet a appris la peinture. Il a suivi des cours avec Thomas Couture.

Vous écrivez :   Manet a appris la peinture *en suivant* des cours avec Thomas Couture.

1. Cézanne trouvait l'inspiration _____ dans la campagne.

2. Van Gogh a appris à peindre _____ des dessins.

3. Monet crée ses toiles _____ sur la lumière et les couleurs.

4. Courbet s'est fait connaître _____ des œuvres réalistes.

5. Renoir a acquis des idées pour ses tableaux _____ dans la forêt.

09-29 Le gérondif. Écrivez une phrase avec un gérondif qui décrit l'image que vous voyez. Inspirez-vous de la liste d'expressions suivantes :

se casser la jambe	entrer dans la salle	courir
écouter de la musique	faire du ski	peindre

1.

Oscar peint _____

2.

Erick rentre _____

3.

Hans s'est cassé la jambe _____

09-30 Le mouvement impressionniste. Remplacez les traits par le participe présent, précédé de **en** ou de **tout en,** si nécessaire, ou par la forme composée du participe présent.

1. L'impressionnisme paraissait moderne _____ (scandaliser) le public.

2. Manet a inspiré le mouvement impressionniste _____ (se rebeller) contre les traditions.

3. Manet _____ (s'opposer) aux anciens est devenu le chef de l'école moderne.

4. _____ (être) refusés au Salon officiel de Paris, les artistes ont créé le Salon des refusés.

5. Le mouvement impressionniste réunissait des peintres _____ (partager) les mêmes idées novatrices.

6. Degas a appris à peindre _____ (imiter) les grands artistes classiques.

7. Degas continuait à sculpter _____ (être) aveugle.

8. _____ (chercher) une inspiration nouvelle, Monet s'est installé à Giverny.

09-31 Poursuivre des études en art ou non. Remplacez les traits par le participe présent, précédé de **en** ou de **tout en,** si nécessaire, ou par la forme composée du participe présent.

1. Mon ami Jacques, étudiant aux Beaux-arts, est entré dans la pièce _____ (courir) et _____ (crier), « J'ai fait la connaissance de la fille de Picasso ! »

2. Dans mon cours d'histoire de l'art, plusieurs étudiants écoutent le professeur _____ (dessiner).

3. _____ (savoir) qu'il n'avait aucun don artistique, mon frère a décidé de devenir homme d'affaires. Maintenant que sa fortune est faite, il soutient les arts _____ (donner) beaucoup d'argent aux jeunes artistes pauvres.

4. _____ (obtenir) son diplôme de l'École des Beaux-arts à Paris, Magali a facilement trouvé un poste dans un musée cosmopolite aux États-Unis.

5. _____ (avoir) peur de ne pas réussir dans le monde des beaux-arts, ma sœur est devenue architecte.

6. Mon amie Suzanne veut devenir une artiste célèbre et riche. _____ (attendre), elle travaille comme serveuse et étudie à l'école des Beaux-arts le soir.

09-32 Édouard Manet. Écoutez le passage et ensuite choisissez **toutes** les réponses qui conviennent.

1.

    a. des fleurs

    b. des paysages marins

    c. des scènes évoquant la réalité de son époque

    d. des scènes de la vie quotidienne

2.

    a. l'école des Beaux-arts

    b. les conventions académiques

    c. le puritanisme

    d. l'Impressionnisme

3.

    a. Zola

    b. son maître à l'école des Beaux-arts

    c. les Impressionnistes

    d. ses parents

09-33 Dictée. Manet. Vous allez écouter ce récit en entier. Puis chaque phrase sera relue et vous la retranscrirez. Ensuite, le texte sera relu en entier une dernière fois.

_____

_____

_____

_____

_____

_____

09-34 Mots croisés. Complétez avec les mots qui conviennent.

Horizontalement

3. auteur de pièces de théâtre

5. artiste comme Camille Claudel

6. tissu sur lequel on peint

8. ouvrage textile tissé

9. préposition employée avec *essayer*

11. participe présent de *voyager*

12. montrer, révéler, témoigner

14. terre avec laquelle on fait de la poterie

Verticalement

1. peintre de paysages

2. techniques picturales de Monet, Renoir, Degas

4. peinture délayée à l'eau

7. première étude picturale, plan sommaire

10. participe présent d'*avoir*

13. contraire d'*après*

10 Regard sur la France : le septième art ou le cinéma

Prononciation

 10-01 Prononciation. Prononcez et enregistrez les mots suivants. Attention à la prononciation du son [p] et du son [b].

[p]	[b]
personnage	bobine
épouvante	bruitage
produire	fabuleux
plan	débutant
passer	liberté
projeter	doubler
présentation	habitude
polémique	bon
impossible	blanc
suspense	tube

Vocabulaire

10-02 L'intonation et l'émotion. Écoutez les phrases suivantes en faisant attention à l'intonation. Mettez la lettre qui correspond à l'émotion exprimée par l'intonation de chaque phrase.

1. _____   a. la surprise

2. _____   b. le doute

3. _____   c. l'interrogation

4. _____   d. l'insistance

5. _____

6. _____

10-03 Marc adore le cinéma. Remplacez les traits par le mot qui convient. Faites attention aux accords.

drame psychologique	film en noir et blanc	scénario	acteur	succès
metteur en scène	film à suspense	personnage principal	sous-titre	ennuyeux

Chaque jour, Marc travaille de très longues heures, et alors il a besoin de se détendre. Son activité préférée est

le cinéma. À son avis, les films l'aident à oublier toutes les responsabilités de son job. De tous les genres, Marc

préfère les (1) _____ où il y a peut-être un meurtre ou un vol important. Ce n'est

pas qu'il aime la violence, mais il apprécie une bonne intrigue où on ne sait pas ce qui va se passer, ni si le

(2) _____ est le meurtrier ou le voleur ou non. Souvent, ce genre de film est aussi un

(3) _____. Il y a une espèce de jeu cérébral entre un détective et le malfaiteur. Marc

pense que le film *Harry, un ami qui vous veut du bien* est un bon exemple des deux genres. Le film n'est

pas (4) _____ du tout et a eu un vrai (5) _____. Selon

Marc, le (6) _____ a beaucoup de talent. Néanmoins, le meilleur film de ce genre

sera toujours *Casablanca*, bien que ce soit un (7) _____. Pour Marc, Humphrey

Bogart et Ingrid Bergman sont les meilleurs (8) _____ du cinéma classique. Bien

que Marc doive lire les (9) _____ du film, il l'apprécie toutes les fois qu'il le voit.

Selon Marc, le (10) _____ est absolument parfait. De toute façon, comme Marc va au

cinéma au moins deux fois par semaine, si vous voulez voir un bon film, consultez-le. Il l'aura certainement vu.

10-04 Qu'en pensez-vous ? Deux étudiantes françaises, Violaine et Iris, décident d'aller au cinéma. Écoutez leur conversation.

A. Indiquez si les phrases que vous entendrez sont vraies (Vrai) ou fausses (Faux).

1. Vrai   Faux

2. Vrai   Faux

3. Vrai   Faux

4. Vrai   Faux

5. Vrai   Faux

B. Choisissez **toutes** les réponses qui conviennent.

6.

   a. un essai sur le cinéma américain

   b. une analyse de films

   c. une section sur les acteurs français contemporains

   d. une section sur les termes techniques

7.

   a. Elle s'intéresse aux acteurs.

   b. Elle s'intéresse au trucage.

   c. Elle s'intéresse au metteur en scène.

   d. Elle s'intéresse à l'interprétation américaine de la version française.

8.

   a. Elle a vu *Anthony Zimmer*.

   b. Elle aime Johnny Depp.

   c. Elle trouve Angelina Jolie très belle.

   d. Elle a étudié le scénario.

10-04B À vous de parler. Enregistrez vos réponses aux questions suivantes.

1. Pourquoi est-ce que Violaine a trouvé son examen sur le cinéma difficile ?

2. Pourquoi Violaine veut-elle voir le film *Le Touriste* ?

3. Qu'est-ce que Violaine et Iris pensent de Johnny Depp et d'Angelina Jolie ?

4. Avez-vous jamais vu la version américaine d'un film français ou vice versa ? Quel film ? Quelle version avez-vous préférée ? Pourquoi ?

10-05 Que j'admire ces metteurs en scène ! Remplacez les traits par les mots qui conviennent. Faites attention aux accords et n'oubliez pas de conjuguer les verbes, lorsqu'il le faut.

accessoire	bruitage	doublé	effet spécial	génial
musique de fond	navet	prix	produire	tourner

De nos jours, George Lucas est peut-être le cinéaste qui maîtrise le mieux les (1) _____.

Sa *Guerre des étoiles* est un véritable chef-d'œuvre des films d'aventure. Les (2) _____

du premier film de la série étaient absolument (3) _____ et dans la salle de cinéma

le (4) _____ était tellement réaliste qu'on s'imaginait facilement dans une guerre

entre plusieurs planètes. La première fois que j'ai vu le film, j'ai dû me boucher les oreilles, tellement le son

était fort. La (5) _____ est très émouvante aussi. Chaque fois qu'on l'entend, on est

encore transporté dans le monde de Luke Skywalker et de Darth Vader. Un autre maître des effets spéciaux c'est

Stephen Spielberg, qui montre son talent pour les films d'aventure dans les séries *Indiana Jones* et *Jurassic Park*.

Aucun de ces films n'est un (6) _____. Cependant, Spielberg n'est pas seulement un

des rois des films d'aventure. Il (7) _____ des films très sérieux aussi, comme *La liste

de Schindler* — Schindler's List — pour lequel il a reçu des (8) _____ prestigieux.

Il faudrait beaucoup d'encre pour parler de tous les films de Spielberg, mais je crois qu'il est très apprécié dans

le monde entier. Ses films ont été (9) _____ en plusieurs langues, et je crois que tout

le monde espère qu'il continuera à (10) _____ des films.

 10-06 Au cinéma. Choisissez le mot qui convient à la définition que vous entendez.

1. doublé   en version originale

2. le générique   un gros plan

3. l'écran   la bobine

4. les accessoires   les effets spéciaux

5. le bruitage   la musique de fond

6. l'acteur   le metteur en scène

7. un film d'épouvante   un drame psychologique

8. un prix   un plan

9. la bande annonce   le générique

10. un dessin animé   un court métrage

10-07 Qu'en pensez-vous ? Iris et Violaine continuent leur conversation après avoir vu le film *Le Touriste*. Écoutez leur conversation.

A. Maintenant, indiquez la réponse correcte aux questions que vous entendez :

1. 🔊

a) 🔊   b) 🔊   c) 🔊   d) 🔊

2. 🔊

a) 🔊   b) 🔊   c) 🔊   d) 🔊

3. 🔊

a) 🔊   b) 🔊   c) 🔊   d) 🔊

4. 🔊

a) 🔊   b) 🔊   c) 🔊   d) 🔊

B. Choisissez **toutes** les réponses qui conviennent.

5.

    a. Le film est excellent.

    b. La musique de fond est excellente.

    c. L'éclairage est très bien fait.

    d. L'intrigue est facile à suivre.

6.

    a. Johnny Depp avait d'autres projets à faire.

    b. Angelina Jolie n'aimait pas le scénario.

    c. Le scénariste a trop vite écrit le scénario.

    d. Anthony Zimmer n'a pas participé au tournage du film.

7.

    a. Anthony Zimmer

    b. Sophie Marceau

    c. Angelina Jolie

    d. Yvan Attal

10-07B À vous de parler. Enregistrez vos réponses aux questions suivantes.

1. Pourquoi le metteur en scène avait-il hâte de finir *Le Touriste* ?

2. Quels sont les éléments du *Touriste* que Violaine apprécie ?

3. Pour quelles raisons Violaine préfère-t-elle *Anthony Zimmer* ?

4. À quel genre appartiennent les films *Anthony Zimmer* et *Le Touriste* ?

5. Quel genre de film préférez-vous ? Pourquoi ?

6. À votre avis, quels sont les éléments les plus importants d'un bon film ?

Futur proche

10-08 Je vais au cinéma avec Paul. Mettez les verbes entre parenthèses au futur proche. Faites attention à la syntaxe.

1. Mon ami Paul va au cinéma ce soir pour voir le nouveau film de Kassovitz. (le voir)

    Je _____ avec lui.

2. Paul m'a dit, (beaucoup aimer) « Tu _____ ce film. »

3. (ne pas manger) Nous _____ au restaurant après le film.

4. (dîner) On _____ chez moi.

5. (préparer) Je _____ un dîner superbe.

Futur

 10-09 Erwan, un jeune acteur, pense et rêve à sa future carrière. Que dit-il ? Écoutez ses phrases et ensuite mettez les verbes au futur.

1. Je _____ dans une école de théâtre.

2. J'_____ à Paris ou à Bruxelles.

3. Je _____ des cours régulièrement.

4. Mes professeurs me _____ des conseils.

5. J'_____ de faire du théâtre amateur.

6. Après l'école, il _____ que je fasse d'autres stages.

7. Trouver des castings _____ crucial.

8. Faire de la figuration m' _____.

9. Des petits rôles me _____ de me perfectionner.

10. Avec un ami je _____ un script.

11. Nous _____ le script à un studio.

12. Nous _____ jouer dans le film

13. Finalement, le film _____ du succès.

14. Nous _____ célèbres.

10-10 Juliette chez la voyante. Juliette consulte une voyante. Qu'est-ce qu'elle lui dit? Choisissez l'option qui correspond à l'image que vous voyez.

a. Juliette sera triste.

b. Juliette partira en vacances.

c. Juliette enverra une lettre.

d. Juliette recevra une lettre.

e. Juliette pleurera.

f. Juliette sera heureuse.

1.

2.

3.

10-11A Jacques veut devenir acteur. Sélectionnez la forme correcte du verbe au futur.

Je (1) [m'inscrirai, m'inscrira] dans une école de théâtre, soit à Paris soit à Bruxelles. Les cours (2) [serons, seront] certainement intenses mais c'est ainsi que je (3) [pourrai, pourra] devenir acteur. Même si, ensuite, je me lance dans le cinéma, une formation théâtrale (4) [servira, servirai] ma carrière. Au début, je (5) [ferai, fera] du théâtre amateur mais j'espère qu'un metteur en scène me (6) [remarquerai, remarquera]. Les petits rôles me (7) [permettrons, permettront] de me perfectionner et, plus tard, je (8) [passerai, passera] des auditions pour des pièces jouées dans des grands théâtres. Un de mes amis veut faire de la mise en scène et tous les deux nous (9) [essaierons, essaieront] de trouver des fonds pour monter une pièce. Si nous avons de la chance, nous (10) [deviendrons, deviendront] célèbres.

10-11B Jacques veut devenir acteur. Relisez le texte précédent. Dites si ces déclarations sont vraies ou fausses.

1. Jacques veut suivre des cours de théâtre à Genève.

   a. vrai   b. faux

2. Les cours vont être faciles.

   a. vrai   b. faux

3. Jacques aimerait faire du cinéma.

   a. vrai   b. faux

4. Avoir une formation théâtrale est utile au cinéma.

   a. vrai   b. faux

5. Après avoir fini ses cours, Jacques obtiendra tout de suite un grand rôle.

   a. vrai   b. faux

6. Son ami veut diriger des pièces de théâtre.

   a. vrai   b. faux

7. Jacques et son ami souhaitent réaliser un film ensemble.

   a. vrai   b. faux

8. Jacques espère devenir célèbre.

   a. vrai   b. faux

10-12 Allons au cinéma. Mettez les verbes entre parenthèses au futur simple ou au présent, selon le cas. Faites tous les accords nécessaires.

1. Quand nous _____ (avoir) le temps, nous irons au cinéma.

2. Quand on _____ (vouloir) voir un film populaire, il vaut mieux acheter ses

   billets bien à l'avance.

3. Je _____ (t'amener) au nouveau film de Kassovitz dès qu'on

   _____ (le passer) ici.

4. Après avoir vu ce film d'épouvante, vous _____ (chercher) toujours des monstres

   sous votre lit.

5. Aussitôt que Jean _____ (t'appeler), dis-lui qu'il me doit 20 euros.

6. En général, où est-ce que tu _____ (acheter) tes billets de cinéma ? Au guichet

   du cinéma ou sur Internet ?

7. Ils _____ (nous attendre) devant le cinéma pourvu que nous soyons à l'heure.

8. Est-ce que tu _____ (venir) avec moi, si je paie les deux billets ?

Futur antérieur

10-13 Conseils à un jeune acteur. Un vieil acteur donne des conseils à son jeune collègue. Mettez les verbes entre parenthèses au futur antérieur.

Mon cher Philippe, quand tu (1) _____ (jouer) dans autant de films que

moi, tu sauras bien que notre métier est loin d'être facile. Tu (2) _____

(apprendre peut-être) par cœur tes rôles, mais tu verras que ça ne suffit pas. Pour être convaincant, il

(3) _____ (falloir) que tu te mettes entièrement à la place du personnage

que tu joues et que tu te perdes dans ce rôle. Tu verras qu'après quelques échecs, certains de tes collègues

(4) _____ (ne pas avoir) le courage de continuer. En plus, il y aura les

tentations de la célébrité auxquelles peu d'acteurs peuvent résister. Néanmoins, si tu as confiance en

toi et si tu persistes, tu auras une belle carrière. Si tu suis mes conseils, quand tu auras mon âge, tu

(5) _____ (développer) ton talent au maximum.

Futur ou futur antérieur ?

10-14 Catherine à Toulouse. Choisissez le temps du verbe qui convient.

1. Une fois que Catherine _____ son diplôme, elle partira pour Toulouse, une nouvelle capitale du cinéma en France.

   a. obtient   b. obtiendra   c. aura obtenu   d. a obtenu

2. Dès que Catherine _____ à Toulouse, elle essaiera de prendre contact avec des metteurs en scène.

   a. arrive   b. arrivera   c. sera arrivé   d. sera arrivée

3. Quand elle _____ un rôle dans un film, elle fera de son mieux pour bien jouer.

   a. a   b. aura   c. aura eu   d. va avoir

4. Catherine _____ tout pour devenir une star.

   a. fera   b. a fait   c. aura fait   d. fait

5. Si elle devient une star, elle ne _____ que les meilleurs rôles.

   a. choisit   b. choisira   c. aura choisi   d. a choisi

10-15 Message sur un répondeur. Choisissez la réponse entre parenthèses qui convient.

Bonjour Monique. C'est Jean. Je t'appelle pour te dire que (1) [je serai, j'aurai été] en retard pour le cinéma.

Tu (2) [devras, auras dû] partir sans moi. Tu (3) [arriveras sûrement, seras sûrement arrivée] avant même que

je ne quitte mon bureau, mais je (4) [te retrouverai, t'aurai retrouvée] au foyer. (5) [Je mangerai,

J'aurai mangé] quelque chose avant d'arriver, alors prends ton dîner avant de partir. On (6) [prendra, aura pris]

un verre après le film. Ciao !

Nom: _____ Date: _____

10-16 Journal de réflexions personnelles. Que pensez-vous de l'entretien avec Gérard Depardieu ? L'avez-vous jamais vu jouer dans un film ? Lequel ? Est-ce que ce qu'il dit vous étonne ? Pourquoi ou pourquoi pas ?

_____

_____

_____

_____

_____

_____

Le conditionnel

 10-17 Jasmine rêve de devenir metteur en scène de théâtre. Écoutez les phrases et transformez-les en mettant l'infinitif que vous entendez au conditionnel.

MODÈLE :   Vous entendez :   Jasmine rêve d'aller à Broadway.

Vous écrivez :   Elle *irait* à Broadway.

1. Elle _____ avec des gens du spectacle.

2. Elle _____ des stages.

3. Elle _____ à des festivals.

4. Elle _____ une subvention.

5. Elle _____ beaucoup de pièces.

6. Elle _____ un texte.

7. Elle _____ aux acteurs.

8. Elle _____ des auditions.

9. Elle _____ ses idées.

10. Elle _____ des salles pour le spectacle.

11. Elle _____ le décor.

12. Elle _____ heureuse de commencer les répétitions.

10-18 Spectacles. Futur ou conditionnel ? Choisissez le temps qui convient.

1. Dès que nous aurons acheté les billets, nous _____ dans la salle.

   a. entrerons   b. entrerions

2. Si nous recevions une invitation, nous _____ volontiers à la première.

   a. irons   b. irions

3. _____ -vous acheter les billets s'il vous plaît ?

   a. Pourrez   b. Pourriez

4. Si nous avons le temps, nous _____ à la Comédie Française faire une réservation.

   a. passerons   b. passerions

5. J'ai un stylo avec moi au cas où je _____ Juliette Binoche.

   a. rencontrerai   b. rencontrerais

6. J' _____ savoir s'il reste des places.

   a. aimerai   b. aimerais

7. Aussitôt que les acteurs seront entrés en scène, le public _____ .

   a. applaudira   b. applaudirait

8. Je _____ que tu viennes avec moi à la première.

   a. souhaiterai   b. souhaiterais

9. Si vous le désirez, j' _____ les billets à l'avance.

   a. achèterai   b. achèterais

10. S'il n'y avait plus de billets, nous _____ contraints de choisir un autre spectacle.

    a. serons   b. serions

10-19 Marc est amoureux d'une vedette du cinéma. Choisissez l'option qui justifie le mieux l'emploi du conditionnel.

| a. politesse | b. souhait | c. hypothèse | d. futur dans un contexte passé |

_____ 1. L'actrice préférée de Marc a dit qu'elle serait à la première de son dernier film.

_____ 2. Marc voudrait y aller et la rencontrer.

_____ 3. Il lui demanderait son autographe.

_____ 4. Naturellement, sa petite amie serait jalouse et dirait :

_____ 5. « Pourrais-je venir avec toi ? »

_____ 6. Marc répondrait oui, bien sûr.

10-20 Marion Cotillard. Indiquez de quel temps il s'agit.

1. Nous aimerions voir le dernier film de Marion Cotillard.

   a. conditionnel   b. futur   c. imparfait

2. Dans le film *La môme*, elle jouait le rôle d'Édith Piaf, une grande chanteuse française.

   a. conditionnel   b. futur   c. imparfait

3. On m'a dit qu'elle tournerait son prochain film avec un réalisateur américain.

   a. conditionnel   b. futur   c. imparfait

4. Pendant le tournage, elle devra certainement vivre aux USA.

   a. conditionnel   b. futur   c. imparfait

5. Marion Cotillard pourrait jouer dans beaucoup de films à costumes.

   a. conditionnel   b. futur   c. imparfait

6. Mais elle a indiqué qu'elle préférait les films contemporains intimes.

   a. conditionnel   b. futur   c. imparfait

7. Ce serait ridicule qu'elle doive choisir un type de film plus qu'un autre.

   a. conditionnel   b. futur   c. imparfait

8. Comme c'est une grande actrice, nous la verrons sûrement dans toutes sortes de films.

   a. conditionnel   b. futur   c. imparfait

10-21 Sorties du week-end. Mettez les verbes entre parenthèses au conditionnel, ensuite utilisez les catégories suivantes pour indiquer le sens de ce conditionnel dans l'espace qui suit la phrase : **politesse, souhait, hypothèse, expression idiomatique, futur du passé.**

MODÈLE :   (avoir) Prenez votre carte bancaire au cas où vous _____ besoin de

plus d'argent pour payer les billets. _____

Prenez votre carte bancaire au cas où vous *auriez* besoin de plus d'argent pour payer les billets.

expression idiomatique

1. (pouvoir) — Excusez-moi, Madame, mais _____ -vous me dire comment aller

   à la Comédie Française ? _____

2. (t'accompagner) Jean m'a dit qu'il _____ au cinéma.

   _____

3. (être) Ma mère pensait que je _____ en retard à notre rendez-vous.

   _____

4. (se perdre) Au cas où vous _____, appelez-moi. Voilà le numéro de mon

   portable. _____

5. (aimer) Je/J' _____ tellement voir cet acteur ! _____

6. (produire) Selon ce critique, ce jeune metteur en scène _____ un film sur les

   années 20 à Paris. _____

7. (avoir) — Excusez-moi, Monsieur, mais est-ce que vous _____ l'heure ?

   Je ne veux pas manquer le début du film. _____

8. (avoir) Si vous alliez au théâtre, vous _____ l'option de parler avec les

   acteurs à la fin de la pièce. Ce n'est pas vrai pour un film. _____

9. (vouloir) Nous _____ tous aller voir le nouveau film avec Catherine Deneuve.

   _____

10. (envoyer) Marc a dit qu'il _____ la critique du film au journal dans deux jours.

    _____

10-22 Marielle rêve d'aller à Cannes. Choisissez la forme correcte du verbe.

1. Bien que je ne sois pas journaliste, j' _____ assister au Festival de Cannes.

   a. aimerai   b. aimerais   c. aimait

2. Seuls les professionnels accèdent au Festival et il _____ que je sois une actrice célèbre pour obtenir automatiquement un badge d'entrée.

   a. faudra   b. faudrait   c. fallait

3. Comme je travaille à la Cinémathèque, peut-être, _____ -je la possibilité d'être accréditée.

   a. aurai   b. aurais   c. avais

4. Si le responsable de mon service, ne _____ s'y rendre, par exemple, il me donnerait son badge.

   a. pourra   b. pourrait   c. pouvait

5. Il m'a dit que je le _____,

   a. remplacerai   b. remplacerais   c. remplaçais

6. au cas où il _____ rester à Paris.

   a. devra   b. devrait   c. doive

7. De toute façon, j' _____ à Cannes, même si je ne participe pas au festival officiel.

   a. irai   b. irais   c. allais

8. Le Cinéma de la Plage est ouvert au grand public et il _____ facile d'obtenir une invitation.

   a. sera   b. serait   c. était

Le conditionnel passé

10-23 Regrets. Mettez les verbes entre parenthèses au conditionnel passé.

1. (vouloir) Ma mère _____ être actrice, mais elle avait trois enfants à élever seule et elle travaillait de longues heures pour subvenir à nos besoins.

2. (aimer) Mon frère _____ être metteur en scène. Il s'intéressait au cinéma et surtout aux effets spéciaux.

3. (souhaiter) Mes parents _____ faire du théâtre mais ils ne voulaient pas vivre à New-York.

4. (aller) Je/J' _____ à New-York si mes parents avaient accepté.

5. (prendre) Ma mère _____ des cours de chant si elle n'était pas tombée enceinte.

10-24 Est-ce bien vrai ? Mettez les verbes entre parenthèses au conditionnel passé.

1. (se marier) Selon le journal télévisé, ce milliardaire _____ avec une belle vedette du cinéma hollywoodien.

2. (faire) Johnny Depp _____ plusieurs films français.

3. (vivre) Vanessa Paradis et Johnny Depp _____ ensemble huit ans.

4. (avoir) Catherine Deneuve _____ un fils avec Roger Vadim.

5. (jouer) Gérard Depardieu _____ dans une cinquantaine de films.

Devoir

10-25 Au cinéma. Remplacez les traits par le temps qui convient du verbe **devoir,** selon l'emploi indiqué entre parenthèses.

1. Viens, tu _____ (obligation) absolument m'accompagner au centre

   ville. Omar Sharif _____ (hypothèse) y tourner, je crois. Nous

   _____ (suggestion) lui demander son autographe.

2. Je/J' _____ (regret) t'écouter, mais je crois que c'est trop tard maintenant.

   Omar Sharif _____ (probabilité) être parti.

3. Marianne _____ (supposition) me retrouver au cinéma à 17h, mais elle n'est

   jamais venue. Elle _____ (probabilité) oublier.

4. Vous _____ (conseil) acheter vos billets bien à l'avance. C'est la première du film.

5. On _____ (supposition) aller tous ensemble au restaurant et ensuite au
   cinéma. Malheureusement, Jean avait dépensé tout son argent pour des billets de loterie et n'a pas pu venir.

   Il _____ (regret) faire des économies.

10-26 On va au cinéma. Sélectionnez la forme du verbe qui convient.

1. Tu [devais, devrais] venir avec moi voir *Le Cygne noir*[1].

2. Je [dois, devais] le voir au moment de sa sortie mais je n'ai pas eu le temps.

3. Il paraît que Natalie Portman [doit, a dû] maigrir et suivre des cours de danse avant de jouer le rôle.

4. Quant à Vincent Cassel, dans le film, il [doit, devrait] devenir perfectionniste et cruel.

[1] *Black Swan*

5. Certains critiques ont dit que le film [devrait, aurait dû] être moins sombre et plus réaliste.

6. Par contre, les danseurs pensent que le monde de la danse est féroce et que les films [doivent, ont dû] le montrer.

10-27 Journal de réflexions personnelles. M. Ibrahim joue un rôle important dans la vie de Momo. Est-ce qu'un adulte a joué un tel rôle dans votre vie ? Cette personne pourrait être votre mère ou père, votre grand-mère ou grand-père, une tante ou un oncle, un ami de la famille, un voisin, ou un professeur.

_____

_____

_____

_____

_____

_____

Phrases hypothétiques

10-28 Gabrielle donne des conseils à Julien dont la carrière n'avance pas vite. Elle aurait fait le contraire de ce qu'il dit. Écoutez ce que dit Julien. Ensuite complétez les conseils de Gabrielle en utilisant le conditionnel passé. Gabrielle parle. Faites attention aux accords.

MODÈLE :   Vous entendez : **Julien :** Je n'ai pas suivi de cours de théâtre.

          Vous écrivez : **Gabrielle :** À ta place, j'*aurais suivi* des cours de théâtre.

1. Je _____ sur les écoles de théâtre.

2. Je _____ à beaucoup de castings.

3. J' _____ du théâtre amateur.

4. J' _____ mon talent.

5. J' _____ mes parents de me laisser aller à Paris.

6. Mes profs m' _____.

7. J' _____ le guide du comédien.

8. Je _____ à une école.

10-29 Le métier d'acteur. Associez le début de la phrase à la suite qui convient.

_____ 1. Si on veut être acteur

_____ 2. S'il avait été nominé

_____ 3. Si Deneuve et Depardieu jouent ensemble

_____ 4. Si cet acteur avait été plus sérieux

_____ 5. Si Depardieu avait tourné aux USA

_____ 6. Si un acteur joue dans un film historique

_____ 7. Si Audrey Tautou avait accepté ce rôle

_____ 8. Si elle devenait une actrice célèbre

a. il serait allé à Cannes.

b. il porte un costume d'époque.

c. il aurait mieux su son rôle.

d. elle recevrait des scripts intéressants.

e. nous aurions été étonnés.

f. on doit suivre des cours de théâtre.

g. il aurait été mieux connu des Américains.

h. leur film attirera beaucoup de spectateurs.

10-30 Hypothèses. Mettez les verbes entre parenthèses au temps qui convient. Les possibilités sont : **le présent, l'impératif, le futur, l'imparfait, le plus-que-parfait, le conditionnel** et **le conditionnel passé.** Faites attention aux accords.

1. (aller) Si tu as le temps, on _____ au cinéma ce soir.

2. (acheter) Si j'avais su qu'il n'y aurait plus de billets, je les _____ sur Internet.

3. (demander) Si vous voyez Johnny Depp au Festival de Cannes, _____ -lui son autographe.

4. (avoir) Si Pauline va à toutes les répétitions, elle _____ le rôle principal.

5. (choisir) Si mon frère avait plus de talent, son professeur de théâtre le _____ plus souvent.

6. (se comporter) On ne critiquerait pas cet acteur s'il _____ mieux en public.

7. (décider) Marianne aurait épousé Marc s'il _____ de devenir acteur.

8. (voir) Si tu _____ ce film, tu l'aimeras. J'en suis sûr.

9. (ne pas écrire) Ce critique _____ ce compte-rendu sévère si l'acteur ne l'avait pas insulté en public.

10. (voir) Si vous aimez les films de Kassovitz, _____ *La Haine.*

11. (ne pas faire) Ce metteur en scène _____ de documentaires sur l'environnement, s'il ne s'intéressait pas vivement à ce sujet.

12. (inviter) Si Jean gagne le prix pour son court métrage, il nous _____ tous au restaurant pour en célébrer le succès.

13. (venir) Si tu _____ avec nous, nous aurions un prix réduit de groupe.

14. (être) Si je/j' _____ à ta place, j'aurais fait la même chose.

15. (mieux apprécier) Si vous aviez suivi un cours sur le film, vous _____ le talent et l'originalité de ce metteur en scène.

10-31 Momo. Sélectionnez la forme du verbe qui convient.

1. Momo, si tu [souris, souriais], tu aurais plus d'amis.

2. Si tu fais tes courses chez moi, tu [as réalisé, réaliseras] des économies.

3. Si ton père a faim, [fais, faites]-lui de la choucroute.

4. Si Momo était moins timide, il [demanderait, aurait demandé] un autographe à Brigitte Bardot.

5. Si M. Ibrahim [avait, avait eu] une femme, il ne se serait peut-être pas occupé de Momo.

6. M. Ibrahim et moi nous [ne parlerions jamais, n'aurions jamais parlé], si Brigitte Bardot n'était pas venue rue Bleue.

7. Si les prostituées [s'en vont, s'en iront], le quartier sera moins animé.

8. Si la mère de Momo n'était pas partie, Momo [ne rencontrerait pas, n'aurait pas rencontré] M. Ibrahim.

10-32A *Le Retour de Martin Guerre*. Écoutez ce passage et ensuite choisissez **dans chaque ligne** les réponses qui conviennent.

1. Que dit le narrateur sur *Le Retour de Martin Guerre* ? C'est un film …

   classique   culte   réaliste   véridique

2. Qui est Martin ? C'est un …

   commerçant   paysan   prêtre   soldat

3. Quels types de changements se sont produits chez lui ?

   intellectuel   moral   physique   spirituel

4. Décrivez les sentiments de sa femme, Bertrande, au moment du retour de Martin ?

amour   bonheur   surprise   tristesse

5. Décrivez les qualités de Gérard Depardieu. Il est …

brillant   intelligent   lourd   nuancé

6. Décrivez les qualités de Nathalie Baye dans le rôle de Bertrande. Elle est …

authentique   émouvante   fine   forte

10-32B *Le Retour de Martin Guerre*. Justifiez le temps du verbe **en gras.**

1. J'**aimerais** aller voir *Le Retour de Martin Guerre*

a. hypothèse   b. politesse   c. souhait

2. Si tu as le temps, **viens** avec moi.

a. présent   b. impératif   c. subjonctif

3. On **devrait** y aller.

a. obligation   b. probabilité   c. suggestion

4. Tout le monde **doit** voir ce grand film au moins une fois.

a. obligation   b. probabilité   c. suggestion

 10-33 Momo. Écoutez le passage et ensuite répondez aux questions en choisissant **toutes** les options correctes.

1.

a. Il pense que seuls les riches sourient.

b. Il pense que seuls les gens heureux sourient.

c. Il pense que seuls les gens intelligents sourient.

d. Il pense que seuls les commerçants sourient.

2.

a. Le sourire crée le bonheur.

b. Le sourire rend aimable.

c. Le sourire contribue à la santé.

d. Le sourire peut aider quelqu'un à obtenir ce qu'il veut.

3.

   a. Les autres n'ont pas réagi du tout.

   b. Momo a obtenu tout ce qu'il voulait.

   c. Son père l'a embrassé.

   d. Son père a critiqué son sourire.

10-34 Dictée. Momo sourit. Vous allez écouter ce récit en entier. Puis chaque phrase sera relue et vous la retranscrirez. Ensuite, le texte sera relu en entier une dernière fois.

_____

_____

_____

_____

_____

_____

_____

_____

10-35 Mots croisés. Complétez avec les mots qui conviennent.

Horizontalement

2. contraire de *rapide*

4. traduire le dialogue d'un film en une autre langue

5. terrifiant

8. objets qu'on utilise dans un film

9. drôle

11. effets spéciaux

12. histoire

14. futur d'*avoir* (je)

15. mauvais film

Verticalement

1. sans parole ni son

3. contraire d'*intéressant*, féminin

6. conditionnel de *falloir*

7. sons qui accompagnent un film

10. *devoir* au conditionnel (tu)

13. filmer

La France vue d'ailleurs

Prononciation

 11-01 Quelques mots. Prononcez et enregistrez les mots suivants. Attention à la prononciation du son [f] et du son [v].

[f]	[v]
France	visiteur
différente	provoque
confiance	chauvin
façon	souveraineté
suffisance	revendication
affligeant	navrant
franciser	percevoir
perfection	deviner
fier	pouvoir
difficile	valeur

11-02 F ou V ? Dans les phrases suivantes indiquez quel son vous entendez.

1. f   v

2. f   v

3. f   v

4. f   v

5. f   v

6. f   v

7. f   v

8. f   v

9. f   v

10. f   v

Vocabulaire

11-03 Mon oncle est bilingue. Remplacez les traits par le mot qui convient. Faites tous les changements nécessaires.

confiance en soi	apprécier	bilinguisme	identité	mœurs
conscient	façon	fier de	bilingue	appartenir

Mon oncle est très (1) _____ être (2) _____.

Il prétend que le (3) _____ lui donne plus de (4) _____

et lui permet de/d' (5) _____ les deux cultures auxquelles il

(6) _____. Puisque mon oncle est (7) _____ des

avantages qu'une double nationalité peut fournir, il veut que son fils apprenne le français et l'anglais comme

lui. Alors, chez lui, on ne parle que le français, tandis qu'à l'école, son fils ne parle que l'anglais. C'est de cette

(8) _____ que mon neveu aura une double (9) _____ et

s'habituera facilement aux (10) _____ des deux cultures.

11-04 Qu'en pensez-vous ?

11-04A Steven, un étudiant américain qui passe un an dans une université française, parle avec Elodie, une étudiante française à la même université. Écoutez leur conversation.

A. Maintenant, indiquez la réponse correcte aux questions que vous entendez :

1. 🔊

   a) 🔊   b) 🔊   c) 🔊   d) 🔊

2. 🔊

   a) 🔊   b) 🔊   c) 🔊   d) 🔊

3. 🔊

   a) 🔊   b) 🔊   c) 🔊   d) 🔊

4. 🔊

   a) 🔊   b) 🔊   c) 🔊   d) 🔊

B. Choisissez **toutes** les réponses qui conviennent.

5.

   a. Ils ne font pas l'effort de parler français.

   b. Ils refusent de manger certains plats français.

   c. Ils restent entre eux.

   d. Ils n'essaient pas de s'intégrer à la culture française.

6.

   a. la politique

   b. la cuisine

   c. l'amitié

   d. l'architecture

7.

   a. Il a appris à discuter de politique sans se mettre en colère.

   b. Il a appris l'art du débat.

   c. Il a appris à faire des plats français régionaux.

   d. Il a appris à appartenir à la culture française.

Nom: _____   Date: _____

11-04B À vous de parler. Enregistrez vos réponses aux questions suivantes.

1. Selon Steven, quels sont les avantages d'être bilingue ?

2. Selon Elodie, quand on vit dans un autre pays qu'est-ce qu'il faut essayer de faire ?

3. Pourquoi Steven apprécie-t-il l'art du débat à la française ?

4. À votre avis, quels sont les avantages du bilinguisme ? Voulez-vous devenir bilingue ? Si oui, pourquoi ? Si non, pourquoi pas ? Quelles sont les meilleures méthodes pour le devenir ?

5. Qu'est-ce que l'art du débat à la française tel que vous le comprenez ? Pourquoi les Américains préfèrent-ils éviter certains sujets, comme la politique ?

11-05 Opinions et concepts. Écoutez les phrases suivantes et choisissez le mot qui correspond à la situation décrite.

1.
   a. francophobe   b. francophile

2.
   a. chauvin   b. cosmopolite

3.
   a. méprisant   b. tolérant

4.
   a. franciser   b. américaniser

5.
   a. discipliné   b. indiscipliné

6.
   a. arrogant   b. courtois

7.
   a. religieuse   b. laïque

8.
   a. liberté   b. oppression

9.
   a. bilingue   b. monolingue

10.
   a. souveraineté   b. dépendance

11-06 Le snobisme de Charlotte. Remplacez les traits par le mot qui convient. Utilisez chaque terme une seule fois et faites tous les changements nécessaires.

affligeant	franciser	s'identifier	déplorable	nombrilisme
exécrable	coupé	porter un jugement	navrant	percevoir comme

Mon amie Charlotte trouve la culture américaine (1) _____.

Elle (2) _____ plutôt à la culture française. En fait, elle essaie de

(3) _____ tout dans sa vie. Elle (4) _____

négatif sur tout ce qui est américain, ce que je trouve (5) _____, parce

que son attitude est pleine de préjugés et ne montre que son (6) _____.

En plus, elle est (7) _____ de sa propre culture, et ses amis, qui trouvent

son comportement (8) _____ et (9) _____, la

(10) _____ une vraie snob.

11-07 Qu'en pensez-vous ?

11-07A Steven et Elodie viennent de déjeuner. Ils continuent leur discussion.

A. Indiquez si les phrases que vous entendez sont vraies (Vrai) ou fausses (Faux).

1. Vrai   Faux

2. Vrai   Faux

3. Vrai   Faux

4. Vrai   Faux

5. Vrai   Faux

B. Choisissez **toutes** les réponses qui conviennent.

6.
   a. des hamburgers
   b. des frites
   c. de la purée de pommes de terre
   d. du poulet frit

7.
   a. en France
   b. aux États-Unis
   c. dans les petites villes du monde entier
   d. dans les grandes villes du monde entier

8.

    a. Starbucks en France

    b. des restaurants français américanisés

    c. MacDo aux États-Unis

    d. des mots anglais francisés

11-07B À vous de parler. Enregistrez vos réponses aux questions suivantes.

1. Pourquoi les Français anglicisent-ils certains termes ?

2. Selon Elodie, pourquoi les Français pensent-ils avoir le droit de porter des jugements sur les autres ?

3. Selon Steven, pourquoi les Américains souffrent-ils de nombrilisme ?

4. Que pensez-vous des restaurants américains tels que MacDo et Starbucks en France ? Y a-t-il des avantages ? Des désavantages à cette présence ?

5. Pourquoi certains Français croient-ils que la France est le centre de l'univers ? Est-ce que cette attitude est justifiée ? Pourquoi ou pourquoi pas ?

6. Pourquoi certains Américains croient-ils que les États-Unis sont le centre de l'univers ? Est-ce que cette attitude est justifiée ? Pourquoi ou pourquoi pas ?

Les adjectifs et les pronoms démonstratifs

11-08 Géographie française. Choisissez l'adjectif démonstratif qui convient.

    a. ce   b. cet   c. cette   d. ces

1. L'Aquitaine ? _____ région est une des mieux connues pour son vin.

2. Le Rhône et la Saône ? La ville de Lyon est située entre _____ deux fleuves.

3. Le Mont Blanc ? _____ montagne est la plus haute de l'Europe.

4. Le Luxembourg ? _____ jardin est l'un des plus beaux de Paris.

5. Le Carnavalet ? _____ ancien hôtel particulier était la résidence de Mme de Sévigné.

6. Mme de Sévigné était une épistolière française du 17 ème siècle dont les lettres nous donnent un bon aperçu sur _____ période.

11-09 Ouverture d'esprit / esprit étroit !

Remplacez les traits par l'adjectif démonstratif qui convient, suivi de **-ci** ou **-là,** selon le cas et si nécessaire.

(1) _____ homme d'affaires que vous voyez là-bas voyage souvent en France où il

gère la division internationale d'une grande entreprise. Un de (2) _____ jours, je

voudrais travailler pour (3) _____ compagnie. C'est pourquoi j'étudie le français et

l'allemand. (4) _____ deux langues, plus l'anglais, me permettront de comprendre

(5) _____ genre d'entreprise.

Mon cousin, qui n'a jamais quitté l'état où il est né, trouve tout ce qui n'est pas américain inférieur.

Personnellement, je trouve (6) _____ attitude bien affligeante. Sa sœur pourtant, qui

a beaucoup voyagé et qui connaît plusieurs langues, sait bien que chaque culture a ses aspects positifs et négatifs.

Elle fait l'effort de comprendre et d'apprécier toutes (7) _____ différences culturelles.

— Que pensez-vous de (8) _____ deux formes d'anticléricalisme ?

— Je trouve (9) _____ anticléricalisme-_____ plus

   choquant que (10) _____ anticléricalisme-_____.

11-10 Renseignements sur la France. Linda compare la France et l'Angleterre. Elle pose des questions à son amie Kathy. Écrivez les réponses de Kathy en utilisant les pronoms démonstratifs.

MODÈLE :   Vous entendez :   De quel pays le coq est-il le symbole ?

            Vous écrivez :   C'est *celui* de la France !

1. C'est _____ de la France.

2. Ce sont _____ de l'Angleterre.

3. C'est _____ de l'Angleterre.

4. C'est _____ de la France.

5. Ce sont _____ de l'Angleterre.

6. C'est _____ de la France.

7. Ce sont _____ de la France.

8. Ce sont _____ que l'on peut visiter à Paris.

Nom: _____   Date: _____

11-11 Français et Américains. Choisissez le démonstratif qui convient.

1. Liberté, Égalité, Fraternité sont les fondements de la République française. Les pères fondateurs et la Constitution sont _____ des États-Unis.

   a. ce   b. ceux

2. Les Américains sont très patriotiques. _____ patriotisme apparaît chaque fois qu'un conflit éclate.

   a. celui-ci   b. ce

3. L'individualisme français se manifeste en politique et au travail. _____ des Américains commence dès la jeune enfance.

   a. celui   b. ce

4. Les Français sont attachés à leurs valeurs et à leur culture et ne veulent pas adopter _____ des Américains.

   a. celles   b. ces

5. Les francophobes disent que les Français sont arrogants. Personne ne peut comprendre _____ arrogance.

   a. cet   b. cette

6. La fierté des Français se base sur le passé historique. _____ des Américains se fonde sur la puissance économique et politique.

   a. celle   b. cette

7. On parle toujours de l'archaïsme français mais _____ archaïsme n'empêche pas la France d'exceller en pharmacologie.

   a. ce   b. cet

8. Souvent, on a du mal à comprendre _____ qui rend les Français si fiers.

   a. ceux   b. ce

Nom: _____ Date: _____

11-12 Deux amies différentes. Remplacez les traits par un de ces pronoms démonstratifs : **celui, ceux, celle, celles,** suivi de **-ci, -là,** selon le cas et si nécessaire.

J'ai plusieurs amis qui ont fait des voyages un peu partout. (1) _____ qui ont visité tous les états des États-Unis ont une bonne appréciation de la grande diversité culturelle du pays. (2) _____ qui ont visité d'autres pays ont en général des idées encore plus ouvertes sur les cultures différentes. Néanmoins, j'ai deux amies qui sont allées en France et qui ont eu des expériences très différentes. Elles s'appellent Marie et Jeanne. (3) _____ a participé à un programme qui lui a permis de travailler dans un petit village où personne ne parlait anglais. (4) _____ est allée en France avec un groupe de jeunes étudiantes américaines de familles riches. Dans le petit village où Jeanne travaillait, tout le monde était très gentil avec elle et l'aidait à perfectionner son français. (5) _____ qui l'a aidée le plus était un jeune homme de son âge qui évidemment s'intéressait à elle. L'expérience de Jeanne a alors été très positive. Marie, par contre, a eu une très mauvaise expérience. Elle a trouvé les Français très snobs, et (6) _____ qui ne l'étaient pas, se comportaient de manière correcte, mais froide. Cependant, si vous lui posez des questions sur le comportement des étudiantes, vous saurez que les étudiantes américaines semblaient très mal élevées aux Français. Elles étaient très bruyantes et, de plus, (7) _____ qui étaient les pires étaient très exigeantes. Marie, elle-même, figurait parmi (8) _____ qui pensaient que les Français devaient tout faire pour leur plaire. Je dirais que même aux États-Unis avec nous, ses amis, Marie est beaucoup plus difficile que Jeanne. Franchement, je préfère (9) _____ à (10) _____.

11-13 Une femme extraordinaire. Remplacez les traits par le pronom ou l'adjectif démonstratif qui convient. Les choix sont : **ce, cet, cette, ces, celui, ceux, celle, celles, ceci, cela, ça** et **ce**.

Quand j'étais au lycée, j'ai eu une prof de français qui m'a inspirée à continuer à travailler sur

(1) _____ langue. Elle s'appelait Mme Loiseau et elle enseignait le français

à sa manière, (2) _____ est-à-dire. qu'elle nous racontait des histoires de sa vie en

France et elle nous faisait lire des textes littéraires. (3) _____

dont je me souviens le mieux (4) _____ est *Le Petit Prince* de

Saint-Exupéry. (5) _____ conte est remarquable et l'imagination de

(6) _____ auteur est incroyable. Comme je viens de le dire, Mme Loiseau

nous racontait aussi des histoires de sa vie. (7) _____ que je préfère traitaient

de sa vie pendant la Deuxième Guerre Mondiale. (8) _____ m'a toujours

impressionnée : Mme Loiseau a dû passer plusieurs mois cachée au sous-sol de sa maison pour éviter d'être

capturée par les Allemands. Quand je pense à (9) _____ j'admire beaucoup le

courage des Français pendant la guerre. C'est de (10) _____ façon que j'ai

appris le français.

11-14A La France. Sélectionnez le démonstratif qui convient.

Vue d'ailleurs, la France est souvent considérée comme différente. (1) [Cet, C'est] un pays qui fascine autant

qu'il agace. (2) [Ce, Ces] pays est souvent difficile à comprendre et il provoque plaisanteries et caricatures,

ironie et moqueries. (3) [Celles-ci, Celles-là] sont parfois franchement francophobes. La France est fière de son

passé et de sa devise : Liberté, Égalité, Fraternité. (4) [Celles, Ces] valeurs datent de la Révolution française.

D'autres principes, la République, la laïcité, les lois sociales caractérisent la France. (5) [C'est, Ce sont] des

préceptes auxquels adhèrent tous les Français. Par ailleurs, la France vit et fonctionne à son propre rythme.

Elle a sa propre politique et ne veut pas adopter (6) [celle, cette] des autres. Elle refuse la domination et le

pouvoir des États-Unis et (7) [celui, ceux] des autres puissances mondiales. Certains pensent que les Français

sont arrogants. (8) [Cet, Cette] arrogance provient de leur attachement à leur identité, à leur culture et à

leur art de vivre. Malgré (9) [celles, ces] critiques, le tourisme en France ne cesse d'augmenter. Paris continue

d'attirer les visiteurs de tous les pays. (10) [Ce, cette] tourisme contribue infiniment à l'économie de la France.

11-14B La France. Relisez le texte précédent. Dites si ces déclarations sont vraies ou fausses.

1. La France est un pays singulier.

   a. vrai   b. faux

2. La France irrite.

   a. vrai   b. faux

3. On comprend facilement les mœurs françaises.

   a. vrai   b. faux

4. Les plaisanteries à l'égard de la France sont parfois francophobes.

   a. vrai   b. faux

5. Liberté, Égalité, Souveraineté est la devise de la France.

   a. vrai   b. faux

6. Napoléon a choisi la devise de la France.

   a. vrai   b. faux

7. La laïcité règle la société française.

   a. vrai   b. faux

8. La France préserve son indépendance en politique.

   a. vrai   b. faux

9. La France accepte l'influence américaine.

   a. vrai   b. faux

10. On dit souvent que les Français sont modestes.

    a. vrai   b. faux

11. Les Français sont attachés à leur identité.

    a. vrai   b. faux

12. La France est un pays qui attire beaucoup de touristes.

    a. vrai   b. faux

Nom: _____   Date: _____

11-15 Influence de la France. Choisissez le démonstratif qui convient.

1. De toutes les puissances européennes, la France est _____ veut influencer le plus la politique internationale.
   a. ce qui   b. celle que   c. celle qui

2. Pourtant, les autres pays écoutent rarement _____ propose la France.
   a. ce que   b. celui que   c. ceux que

3. Fiers de leurs valeurs, les Français veulent diffuser _____ la Révolution a inspirées.
   a. celle qui   b. celle que   c. celles que

4. La diffusion de leur langue, voilà _____ préoccupe les Français !
   a. ce que   b. ce qui   c. ceux qui

5. La presse propage _____ discutent les intellectuels !
   a. ceux dont   b. ce dont   c. ce que

6. La France entretient de bonnes relations avec ses anciennes colonies, en particulier _____ la langue officielle est le français.
   a. celles dont   b. celles que   c. ceux dont

11-16A Arrogance. Sélectionnez le démonstratif qui convient.

Le mot qui revient dans la bouche de (1) [ce, ceux] qui n'aiment pas les Français, (2) [c', ce] est : arrogance. (3) [Cet, Cette] arrogance est paradoxale parce que la France est un pays relativement petit en Europe. Pour beaucoup, (4) [ce, cet] orgueil est difficilement compréhensible parce que (5) [ce, ces] pays semble archaïque et incapable de se réformer. Par ailleurs, le Français a toujours quelque chose à dire que (6) [celle, ce] soit dans un bar ou une réunion et déclame de grands principes. (7) [Cet, Cette] attitude s'enracine dans des théories universalistes. Le Français prétend toujours à l'universalité. Il veut présenter ses idées politiques et ne pas écouter (8) [ceux, celles] des autres. Par contre, dans l'univers culturel, la France bénéficie d'un grand prestige, d'une excellente réputation et d'admiration ; (9) [ce, ceux] qui explique son attrait touristique. Finalement, dans la sphère économique, la France excelle dans le luxe, la gastronomie et la mode mais (10) [c'est, ces] produits ne constituent qu'une fraction de la production française. La biotechnologie, les télécommunications et l'aéronautique sont d'autres secteurs importants de l'économie française.

11-16B Arrogance. Lisez ce passage et choisissez **dans chaque ligne** les réponses qui conviennent.

1. Quel comportement caractérise la France ?

   amabilité   arrogance   courtoisie   orgueil

2. Quels adjectifs décrivent la France ?

   archaïque   dynamique   petit   statique

3. Comment le Français se comporte-t-il en groupe ?

   a une opinion   écoute patiemment   récite des principes   prétend à l'universalité

4. Dans le domaine culturel, de quoi jouit la France ?

   admiration   indifférence   prestige   réputation

5. Quelles sont les industries traditionnelles de la France ?

   cuir   gastronomie   luxe   mode

6. Nommez des secteurs de pointe de l'économie française.

   aéronautique   biotechnologie   chimie   télécommunications

Il est, elle est, ils sont, elles sont, c'est, ce sont

11-17 Est-ce *il est* ou *c'est* ? Remplacez les traits par **il est, elle est, ils sont, elles sont, c'est** ou **ce sont**, selon le cas.

(1) _____ l'Attachée culturelle française. (2) _____ très

intéressante, et très gentille en plus.

(3) _____ mon grand-père. (4) _____ diplomate.

En fait, (5) _____ un diplomate très astucieux.

11-18 Journal de réflexions personnelles.

On dit que les Français sont arrogants. À votre avis, quel est le défaut des Américains ?

_____

_____

_____

_____

_____

_____

_Il_ impersonnel

11-19 La météo. Écoutez le temps qu'il fait en Bretagne ; sur la Côte d'Azur, c'est le contraire. Indiquez le temps qu'il fait à Nice. Choisissez parmi les expressions suivantes.

il gèle	il fait beau	il fait soleil
il fait chaud	il fait du vent	il fait sec

À Nice,

1. _____ .

2. _____ .

3. _____ .

4. _____ .

5. _____ .

6. _____ .

11-20 Quel temps fait-il ? Choisissez dans la colonne de droite le temps atmosphérique qui correspond à l'image dans la colonne de gauche.

_____ 1.

a. Il pleut.

b. Il y a du brouillard.

c. Il neige.

d. Il fait de l'orage.

e. Il fait beau.

f. Il y a du vent.

_____ 2.

_____ 3.

11-21 La France et les États-Unis. Complétez les phrases en choisissant l'expression idiomatique qui convient. N'utilisez chaque expression qu'une seule fois.

| il arrive que | il y a | il va de soi que | il s'agit | il va sans dire que |

1. Dans ce livre, _____ des différences culturelles entre les Français et les Américains.

2. _____ les Américains s'intéressent plus aux innovations technologiques que les Français.

3. Par exemple, _____ beaucoup plus de liseuses numériques aux États-Unis qu'en France où Amazon vient de lancer le Kindle, version française.

4. _____ les Français achètent ces appareils, mais ils préfèrent passer du temps dans une bonne librairie.

5. _____ à cause de cette nouvelle technologie, le nombre de librairies est en baisse aux États-Unis, ce qui n'est pas le cas en France.

11-22 L'écologie. Choisissez **toutes** les options qui conviennent pour compléter les phrases.

1. Dans ce livre … du réchauffement de la planète.

   a. il est question   b. traite   c. il s'agit   d. il est temps

2. Dans certaines régions, les températures montent et …

   a. il fait très chaud.   b. il fait du soleil.   c. il gèle.   d. il fait sec.

3. Dans d'autres régions par contre, l'hiver est plus sévère et dure plus longtemps. Il …

   a. fait beau.   b. gèle.   c. pleut.   d. neige.

4. Il … que si l'on ne fait pas attention à l'environnement, on risque de voir encore plus d'effets extrêmes sur les températures et le temps.

   a. est évident   b. convient   c. va de soi   d. va sans dire

11-23 Particularités de la France. Choisissez l'expression qui convient.

1. Pendant les matchs de coupe de foot, [il arrive, il convient] que les Français soient très chauvins.

2. Pour bien comprendre les singularités françaises, [il arrive, il convient] de lire des livres sur les différences culturelles.

3. Dans *Sacrés Français* de Ted Stanger, [il convient, il s'agit] des malentendus entre Américains et Français.

4. Après cinq ans de francophobie, il [était temps, allait de soi] de revenir à de bons sentiments à l'égard de la France.

5. [Il arrive, Il va de soi] que la France est attachée à sa culture.

6. Lorsqu' [il est, il est question] des Français, on a souvent recours à des clichés.

11-24 Alexis de Tocqueville. Remplacez les traits par l'expression impersonnelle qui convient. Utilisez chaque expression une seule fois.

il est évident	il arrive	il s'agit	il ne convient pas
il faut	il est possible	il est nécessaire	il est essentiel
il va de soi	il est important		

Alexis de Tocqueville (1805–1859) est un grand penseur français du XIX ème siècle qui écrit beaucoup sur

la politique en Amérique. Alors, (1) _____ que les Américains et les Français

lisent les œuvres de ce grand homme. L'œuvre la plus intéressante est peut-être *De la démocratie en*

Amérique, publié en 1835. Dans ce livre, comme le titre l'indique, (2) _____ d'une

analyse du système politique de ce pays. De Tocqueville admire la démocratie, et selon lui,

(3) _____ absolument protéger les droits politiques de tout le monde.

(4) _____ que la démocratie ait ses faiblesses, mais c'est vrai pour tous les

systèmes politiques. Selon de Tocqueville, (5) _____ que le système du

gouvernement français évolue. Pour de Tocqueville (6) _____ qu'un

peuple soit obligé d'obéir à un roi, une personne qui n'a pas été élue par la majorité des citoyens.

(7) _____ qu'il y ait de bons rois, mais c'est rare. Comme de Tocqueville

pense qu' (8) _____ de protéger les droits de tous les hommes, il est aussi contre

l'esclavage, alors (9) _____ que c'est une de ses critiques de la démocratie en

Amérique. Néanmoins, vu le nombre de considérations positives que de Tocqueville fait sur l'Amérique,

(10) _____ que ce grand auteur français préfère la démocratie américaine à la

monarchie française.

Faire causatif

11-25 Adrian reçoit des conseils. Juliette fait des suggestions à son ami qui vient d'arriver en France et se sent un peu perdu. Utilisez le faire causatif et le verbe entre parenthèses pour compléter les conseils de Juliette.

MODÈLE :   Vous entendez :   Ma chambre n'a pas l'Internet.

Vous écrivez : (installer)   *Fais installer* l'Internet.

1. (se faire) _____ une carte navigo !

2. (répéter) _____ les gens !

3. (expliquer) _____ l'inscription aux cours !

4. (sourire) _____ ton concierge !

5. (écrire) _____ la lettre par un ami !

6. (se couper) _____ les cheveux chez Jean-Louis David !

7. (livrer) _____ des marchandises !

8. (décrire) _____ les tendances politiques françaises.

11-26 Georges ne fait rien lui-même. Faites des phrases causatives à partir de l'infinitif entre parenthèses, selon le modèle et au temps indiqué. Attention aux pronoms.

MODÈLE :   (écrire) (passé composé)   Il _____ la lettre par son fils.

Il *a fait écrire* la lettre par son fils.

1. (envoyer) (présent) Georges _____ toutes ses lettres par son secrétaire.

2. (réparer) (passé composé) Georges _____ son ordinateur par un technicien.

3. (se faire) (passé composé) Il _____ un costume pour aller dîner à l'Élysée.

4. (se couper) (passé composé) Il _____ les cheveux par un des meilleurs coiffeurs de Paris.

5. (venir) (futur) Il _____ ses deux frères de Haïti l'année prochaine.

6. (écrire) (passé composé) Il _____ un essai sur de Tocqueville à ses étudiants.

7. (peindre) (présent) Georges _____ son portrait par un artiste célèbre.

8. (tomber) (passé composé) Il _____ son portable. Heureusement, il ne l'a pas cassé.

9. (ressembler) (présent) Son chauvinisme le _____ à un Français de souche.

10. (réciter) (imparfait) Son ancienne prof de français lui _____ un proverbe chaque matin.

11-27 Élections. Utilisez faire + infinitif.

1. (faire lire *présent*) Les candidats _____ les articles de journaux à leurs conseillers avant de parler.

2. (faire durer *plus-que-parfait*) Ces politiciens _____ le suspense avant de déclarer quel candidat ils soutenaient.

3. (faire analyser *passé composé*) Le candidat _____ les sondages par son équipe.

4. (faire discuter *futur*) Notre professeur nous _____ des élections.

5. (faire venir *imparfait*) Le candidat _____ son secrétaire dès qu'il avait une question.

6. (se faire expliquer *futur*) Les électeurs _____ la position des candidats.

7. (se faire insulter *passé composé*) La candidate _____ par son adversaire.

8. (se faire élire *infinitif*) Vous voudriez _____ à la tête du parti, n'est-ce pas ?

Verbes de perception

11-28 Laisser ou faire. Choisissez la bonne réponse.

1. Ce rapport est rempli d'erreurs.
   a. On le fait corriger.
   b. On le laisse corriger.

2. Son fils veut aller en France.
   a. Elle le fait aller en France.
   b. Elle le laisse aller en France.

3. Les étudiants ne veulent pas parler français.
   a. Le professeur les fait parler français.
   b. Le professeur les laisse parler français.

4. Les candidats souhaitent expliquer leur programme.
   a. Le journaliste les fait expliquer.
   b. Le journaliste les laisse expliquer.

5. Les ouvriers veulent protester dans la rue.
   a. La police les fait manifester.
   b. La police les laisse manifester.

6. On ne comprend pas les idées du candidat.

   a. On le fait préciser.

   b. On le laisse préciser.

7. Le journaliste a fini son enquête.

   a. Il la fait publier.

   b. Il la laisse publier.

8. Mon ordinateur ne marche plus.

   a. Je le laisse réparer.

   b. Je le fais réparer.

11-29 Ted Stanger. Associez à la question la réponse qui convient.

_____ 1. Avez-vous entendu parler de Ted Stanger ?

_____ 2. Vous a-t-on fait lire *Sacrés Français* ?

_____ 3. A-t-il entendu dire que les Français sont odieux ?

_____ 4. Entend-il les Américains se plaindre de la France ?

_____ 5. A-t-il vu des Français manifester dans la rue ?

_____ 6. Se sent-il vivre quand il est à Paris?

_____ 7. Souhaite-t-il se faire comprendre ?

_____ 8. Laisse-t-il tomber ses convictions américaines ?

a. Oui, il les entend se plaindre.

b. Naturellement, il le souhaite.

c. Oui, j'ai entendu parler de lui.

d. Oui, il en a vu beaucoup.

e. Oui, on m'a fait lire ce livre.

f. Oui, il les abandonne un peu.

g. Non, il n'a pas entendu dire cela.

h. Oui, il s'y sent vivre.

11-30 Images françaises. Remplacez les traits par le verbe de perception qui convient au temps demandé par le contexte. Faites tous les changements nécessaires.

écouter	entendre	laisser	regarder	sentir	voir

1. Quand je/j' _____ parler ces deux femmes, j'ai su tout de suite qu'elles étaient parisiennes.

2. On _____ souvent dire que les Français peuvent être très arrogants.

3. On dit que le ministre _____ tomber sa réforme par crainte de grèves.

4. Une fois de plus, nous _____ les jeunes manifester dans la rue.

5. Nous les _____ crier des slogans contre le ministre de l'éducation.

6. Si les Français _____ le gouvernement supprimer certains privilèges, la dette publique diminuerait.

7. Vous dites que vous _____ ces gens critiquer le gouvernement ? Qu'est-ce qu'ils ont dit ?

8. Le public _____ la voix du ministre trembler quand il a parlé de la violence dans les banlieues.

9. Taisez-vous et _____ le premier ministre faire son discours. Je voudrais entendre ce qu'il dira sur les banlieues.

10. Avant le match, tous les spectateurs se sont levés pour _____ chanter la Marseillaise.

11-31 Luke et les Français. Écoutez le passage et ensuite répondez aux questions en choisissant **toutes** les options correctes.

1.
   a. Il s'amusait à la ferme.
   b. Il faisait de la voile.
   c. Il cuisinait.
   d. Il parlait français tout le temps.

2.
   a. sa puissance dans le monde
   b. la qualité de sa cuisine
   c. son influence sur d'autres pays
   d. le nombre de gens qui parlent français

3.
   a. Les Français ont développé l'art de la cuisine.
   b. Les Français savent bien s'amuser.
   c. Les Français ont maîtrisé l'art de la discussion.
   d. Les Français s'intéressent aux affaires du monde.

11-32 Dictée. Comment Luke, un jeune Anglais, voit les Français. Vous allez écouter ce récit en entier. Puis, chaque phrase sera relue et vous la retranscrirez.

_____

_____

_____

_____

Nom: _____ Date: _____

_____

_____

_____

11-33 Mots croisés. Complétez avec les mots qui conviennent.

Horizontalement

3. permettre
7. coutume
9. se passer
11. pronom démonstratif, masculin pluriel
12. pronom démonstratif, masculin singulier
13. influence, éclat, gloire
14. fait de se croire le centre de l'univers
15. capacité de parler deux langues
16. nationalisme exagéré

Verticalement

1. structure idiomatique exprimant le fait que le sujet fait faire l'action
2. muet
4. pouvoir
5. gouttelettes d'eau suspendues dans l'air, brume
6. adjectif démonstratif, féminin singulier
8. donner une tournure anglaise à des expressions françaises
10. affligeant

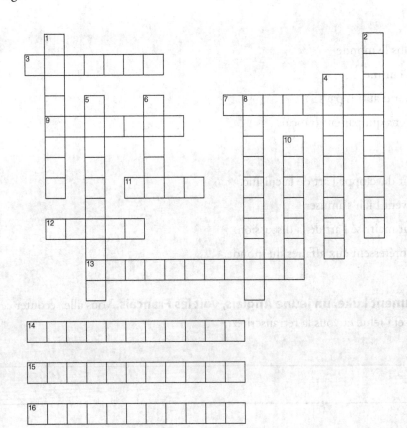

12 La France et l'Europe

Prononciation

12-01 Quelques mots. Prononcez et enregistrez les mots suivants. Attention à la prononciation du son [t] et du son [d].

[t]	[d]
éternité	aide
constitution	adhésion
souveraineté	droit
soutenir	sauvegarde
traité	développement
institution	définition
sécurité	difficulté
état	idéalisme
intérêt	solidification
fierté	diversification

12-02 Quel son ? Choisissez le mot que vous entendez.

1. tire	dire		7. temps	dans
2. toute	doute		8. tu	du
3. ton	don		9. monte	monde
4. trois	droit		10. vite	vide
5. teint	daim		11. cote	code
6. toit	doigt		12. tard	dard

Vocabulaire

12-03 L'Union européenne. Remplacez les traits par le mot de la liste qui convient. Faites tous les changements nécessaires. Utilisez chaque mot une seule fois.

l'adhésion	la constitution	la diversité	l'identité	la paix
rayonner	souveraineté	l'unification	s'unir	valeur

1. _____ de tous les pays européens sera difficile à réaliser parce qu'on

   veut à la fois respecter _____ individuelle des pays membres et

   _____ culturelle et ethnique des citoyens.

2. _____ de l'Union européenne a pour mission le soutien de

   _____ et le développement économique et social des pays membres.

3. À cause des cultures et des _____ différentes, les pays membres de l'Union

   européenne ont parfois des difficultés à _____ sur certains principes,

   surtout quand il est question de _____ de chaque pays. Néanmoins,

   _____ à l'Union européenne est importante si les pays membres veulent

   voir _____ l'influence de l'Europe dans le monde.

12-04 Qu'en pensez-vous ?

12-04A Deux étudiants français, Véronique et Philippe, parlent de leur cours de sciences politiques sur l'Union européenne. Écoutez leur conversation.

A. Maintenant, indiquez la réponse correcte aux questions que vous entendez :

1. 🔊

   a) 🔊   b) 🔊   c) 🔊   d) 🔊

2. 🔊

   a) 🔊   b) 🔊   c) 🔊   d) 🔊

3. 🔊

   a) 🔊   b) 🔊   c) 🔊   d) 🔊

4. 🔊

   a. 🔊   b. 🔊   c. 🔊   d. 🔊

B. Choisissez **toutes** les réponses qui conviennent.

5.

   a. les avantages du franc

   b. les avantages de l'unification

   c. les avantages d'un seul système monétaire

   d. les avantages de la sécurité sociale

6.

   a. Ils pensent que la France devrait sortir de la zone euro.

   b. Ils pensent qu'on devrait éliminer la sécurité sociale.

   c. Ils pensent qu'il vaudrait mieux revenir au franc.

   d. Ils pensent qu'on devrait réviser les valeurs fondamentales de l'Union européenne.

7.

   a. la paix

   b. la sécurité

   c. la justice

   d. la démocratie

12-04B À vous de parler. Enregistrez vos réponses aux questions suivantes.

1. Pourquoi Véronique et Philippe trouvent-ils leur cours sur l'Union européenne intéressant ?

2. Pourquoi certains politiciens remettent-ils en question les avantages de l'unification européenne ?

3. Expliquez en quoi et comment la communauté européenne peut s'opposer à l'identité nationale.

4. À votre avis, est-ce qu'on doit obliger les pays économiquement forts à aider les pays économiquement faibles ? Expliquez votre réponse.

12-05 Caractéristiques de l'Union. Écoutez les phrases suivantes et choisissez le mot ou l'expression qui correspond à la situation décrite.

1. une alliance   l'antagonisme   la constitution

2. la paix   la guerre   la loi

3. la solidarité   l'identité   la sécurité

4. la concurrence   la coopération   la croissance

5. le réchauffement   la protection   la solidarité

6. l'éthique   la sauvegarde   la justice

7. la banque   l'euro   le commerce

8. le parlement   un traité   l'union

9. la souveraineté   l'élargissement   l'adhésion

10. agricole   financier   monétaire

12-06 Valeurs de l'Europe. Remplacez les traits par le mot de la liste qui convient.

> biotechnologie   coopération   énergies renouvelables
> investissements   sécurité alimentaire   protection de l'environnement
> monétaire   mondialisation   espèces animales menacées
> réchauffement planétaire

Certains Européens s'opposent à la (1) _____ parce qu'ils prétendent que cette

tendance va rendre toutes les cultures européennes homogènes.

Beaucoup de pays européens s'intéressent à l'écologie, mais l'unification de l'Europe aide les états membres à

s'engager dans la (2) _____. Comme on ne veut pas voir certaines espèces disparaître

de la terre, on fait beaucoup pour sauvegarder les (3) _____. En outre, l'Europe a

admis beaucoup plus vite que les États-Unis que le climat est en train de changer parce que nous produisons

trop de pollution. Elle lutte plus que les États-Unis pour contrôler le (4) _____.

Finalement, les Européens se préoccupent de la qualité de la nourriture. Avec l'Union européenne, il est

beaucoup plus facile de promulguer des lois pour assurer la (5) _____.

L'économie européenne a également pris son essor. Par exemple, les pays européens, et surtout la France,

font des recherches importantes en (6) _____. En fait, une des plus grandes

compagnies pharmaceutiques du monde est française, Sanofi-Aventis. Par ailleurs, comme la protection de l'environnement est si importante, la recherche d' (7) _____ attire l'attention des

chercheurs. Enfin, la (8) _____ économique et la création d'un seul système

(9) _____ encouragent les (10) _____ en Europe.

12-07 Qu'en pensez-vous ?

12-07A Après leur cours de sciences économiques, Philippe et Véronique continuent leur discussion. Écoutez leur conversation.

A. Indiquez si les phrases suivantes sont vraies (Vrai) ou fausses (Faux).

1. Vrai   Faux

2. Vrai   Faux

3. Vrai   Faux

4. Vrai   Faux

5. Vrai   Faux

B. Choisissez **toutes** les réponses qui conviennent.

6.

    a. le commerce

    b. l'apprentissage des langues

    c. l'investissement

    d. le réchauffement de la planète

7.

    a. de la production d'un pays

    b. de la concurrence entre pays

    c. de la technologie

    d. de la coopération entre pays

8.

    a. la mondialisation

    b. la réglementation écologique

    c. le conflit entre la concurrence et la coopération

    d. le taux de chômage

9.

    a. la coopération technologique

    b. la protection de l'environnement

    c. la sauvegarde des espèces animales menacées

    d. la sécurité alimentaire

12-07B À vous de parler. Enregistrez vos réponses aux questions suivantes.

1. Pourquoi, selon Véronique, les négociations commerciales internationales sont-elles si compliquées ?

2. Pourquoi, selon Philippe, faut-il tenir compte des effets de l'industrialisation sur l'environnement ?

3. À votre avis, qu'est ce qui est plus important : l'économie ou l'environnement ? Pourquoi ?

La voix passive

12-08 Carlos et Kristen. Écoutez les phrases et indiquez si elles sont à la forme active ou passive.

1. actif   passif

2. actif   passif

3. actif   passif

4. actif   passif

5. actif   passif

6. actif   passif

7. actif   passif

8. actif   passif

9. actif   passif

10. actif   passif

12-09 Rôle de l'Union européenne. Dites si la phrase est à la forme active ou à la forme passive.

1. Une politique de solidarité a été adoptée par l'Union.

    a. actif   b. passif

2. L'Union a toujours assuré la sécurité des pays membres.

    a. actif   b. passif

3. Les députés européens se sont réunis à Bruxelles pour discuter de la crise monétaire.

    a. actif   b. passif

4. L'environnement et la nature seront protégés par l'UE.

    a. actif   b. passif

5. Le premier objectif de l'Union était de favoriser la coopération économique.

    a. actif   b. passif

6. Les frontières intérieures ont été ouvertes en 1985 avec les accords de Schengen.

    a. actif   b. passif

7. Le Marché commun est né en 1957.

    a. actif   b. passif

8. L'euro est mis en circulation en 2002.

    a. actif   b. passif

12-10 Victor Hugo. Choisissez la phrase active qui correspond à la phrase passive.

1. Victor Hugo est élu président du Congrès de la Paix en 1849.

    a. On élit Victor Hugo président du Congrès de la Paix en 1849.

    b. On élira Hugo président du Congrès de la Paix en 1849.

    c. On a élu Victor Hugo président du Congrès de la Paix en 1849.

    d. On avait élu Hugo président du Congrès de la Paix en 1849.

2. « Notre Dame de Paris » a été publié en 1831.

    a. On a publié « Notre Dame de Paris » en 1831.

    b. On avait publié « Notre Dame de Paris » en 1831.

    c. On publie « Notre Dame de Paris » en 1831.

    d. On publiera « Notre Dame de Paris » en 1831.

3. À l'époque les lecteurs étaient fascinés par Quasimodo.

    a. À l'époque, Quasimodo fascine les lecteurs.

    b. À l'époque, Quasimodo a fasciné les lecteurs.

    c. À l'époque, Quasimodo fascinait les lecteurs.

    d. À l'époque, Quasimodo fascinera les lecteurs.

4. Même aujourd'hui, ce roman est apprécié par beaucoup de lecteurs.

    a. Même aujourd'hui, beaucoup de lecteurs apprécient ce roman.

    b. Même aujourd'hui, beaucoup de lecteurs ont apprécié ce roman.

    c. Même aujourd'hui, beaucoup de lecteurs avaient apprécié ce roman.

    d. Même aujourd'hui, beaucoup de lecteurs apprécieront ce roman.

5. Toute la France a été profondément affectée par la mort de Victor Hugo.

   a. La mort de Victor Hugo affecte toute la France.

   b. La mort de Victor Hugo a affecté toute la France.

   c. La mort de Victor Hugo affectera toute la France.

   d. La mort de Victor Hugo avait affecté toute la France.

12-11 Choisissez la forme active qui correspond au passif.

1. La constitution de l'Union européenne n'a pas été ratifiée par la France.

   La France [n'a pas, n'avait pas] ratifié la constitution de l'Union européenne.

2. Au cours des élections de 2012, l'augmentation des impôts était vivement discutée par les politiciens.

   Au cours des élections de 2012, les politiciens [ont discuté, discutaient] vivement l'augmentation des impôts.

3. Tout le monde se demande si une surtaxe sur les grandes fortunes sera imposée par le gouvernement socialiste.

   Tout le monde se demande si le gouvernement socialiste [impose, imposera] une surtaxe sur les grandes fortunes.

4. Selon certains journalistes, la France pourrait être abandonnée par les riches.

   Selon certains journalistes, les riches [pourront abandonner, pourraient abandonner] la France.

12-12 Mesures prises par l'Union. Remplacez les traits par le participe passé du verbe entre parenthèses. Ajoutez **par** ou **de** lorsque c'est nécessaire. Faites attention à l'accord du participe passé.

1. (approuver) La constitution européenne n'a pas été _____ la France et les Pays-Bas.

2. (promulguer) Des lois pour protéger l'environnement seront _____ le Conseil européen.

3. (affecter) Le climat est _____ la pollution et la déforestation.

4. (changer) Le système monétaire a été _____ en 2002.

5. (aider) Les victimes des grands incendies en Europe ont été _____ l'Union européenne.

6. (décider) Le budget européen sera _____ le Parlement et le Conseil.

7. (protéger) La langue et la culture de chaque pays doivent être _____ la constitution.

8. (respecter) Il faut que la diversité nationale soit _____ tous.

9. (favoriser) Le développement économique serait _____ l'Union européenne.

10. (considérer) Même au XVIIIème siècle, les droits de l'homme étaient _____ importants.

12-13 L'Union prend des mesures. Mettez les phrases de l'exercice précédent, **12-12**, à la voix active. Respectez les temps verbaux.

1. La France et les Pays-Bas _____ la constitution européenne.

2. Le Conseil européen _____ des lois pour protéger l'environnement.

3. La pollution et la déforestation _____ le climat.

4. On _____ le système monétaire en 2002.

5. L'Union européenne _____ les victimes des grands incendies en Europe.

6. Le Parlement et le Conseil _____ le budget européen.

7. La constitution doit _____ la langue et la culture de chaque pays.

8. Il faut que tous _____ la diversité nationale.

9. L'Union européenne _____ le développement économique.

10. Même au XVIIIème siècle, on _____ les droits de l'homme importants.

12-14A L'Union européenne. Sélectionnez la forme du verbe qui convient.

L'Union européenne (1) [a créé, a été créée] en 1957 pour défendre la paix et assurer la sécurité de ses citoyens. Au lendemain de la Deuxième Guerre Mondiale, par le traité de Rome, la Communauté économique européenne (2) [a établi, a été établie]. Six pays : la Belgique, la France, l'Italie, le Luxembourg, les Pays-Bas et la RFA, la République fédérale d'Allemagne (3) [ont constitué, ont été constitués] un marché commun pour faciliter les échanges économiques et les relations sociales entre eux. Aujourd'hui, l'UE (4) [forme, est formée] de 28 nations aux cultures et langues variées mais qui (5) [ont souscrit, ont été souscrit] aux mêmes principes politiques. Tous les pays membres (6) [ont embrassé, ont été embrassés] la démocratie, le respect des droits de l'homme et des minorités et l'égalité avant d'(7) [accepter, être acceptés] dans l'Union. Par ailleurs, chaque pays doit (8) [respecter, être respecté] la législation européenne. Le Parlement européen (9) [élit, est élu] au suffrage universel et (10) [renforce, est renforcé] les décisions prises par les parlements nationaux.

12-14B L'Union européenne. Relisez le passage précédent et choisissez **dans chaque ligne** les réponses qui conviennent.

1. Pourquoi l'UE a-t-elle été établie ?

   adopter une langue unique   assurer la sécurité   défendre la paix   former une armée

2. Choisissez les pays qui constituaient la CEE.

   | Angleterre | Belgique | France | Espagne |
   | Italie | Luxembourg | Pays-Bas | RFA |

3. Quels buts communs les six pays ont-ils adoptés ?

   commerce   défense commune   langue commune   relations sociales

4. À quels principes adhèrent les pays de l'Union européenne ?

   démocratie   égalité   prospérité   respect des droits humains

5. Quels corps politiques adoptent des actes législatifs affectant chaque pays ?

   Cour   Ministère   Parlement européen   parlements nationaux

12-15 Principes de l'UE. Choisissez la phrase passive qui correspond à la phrase active.

1. L'Union promouvra les droits humains.

   a. Les droits humains sont promus par l'Union.

   b. Les droits humains ont été promus par l'Union.

   c. Les droits humains seront promus par l'Union.

2. L'UE adopte une politique de solidarité.

   a. Une politique de solidarité est adoptée par l'UE.

   b. Une politique de solidarité a été adoptée par l'UE.

   c. Une politique de solidarité sera adoptée par l'UE.

3. Les pays de l'Union doivent respecter la dignité humaine.

   a. La dignité humaine est respectée par les pays de l'Union.

   b. La dignité humaine doit être respectée par les pays de l'Union.

   c. La dignité humaine a été respectée par les pays de l'Union.

4. La Charte de 1999 reconnaissait les droits civils et politiques des citoyens.

   a. Les droits civils et politiques des citoyens sont reconnus par la Charte.

   b. Les droits civils et politiques des citoyens ont été reconnus par la Charte.

   c. Les droits civils et politiques des citoyens étaient reconnus par la Charte.

5. L'Union va protéger l'environnement et la nature.

   a. L'environnement et la nature seront protégés par l'Union.

   b. L'environnement et la nature vont être protégés par l'Union.

   c. L'environnement et la nature sont protégés par l'Union.

6. L'UE a facilité la réunification de l'Allemagne.

   a. La réunification de l'Allemagne a été facilitée par l'UE.

   b. La réunification de l'Allemagne était facilitée par l'UE.

   c. La réunification de l'Allemagne est facilitée par l'UE.

12-16 Journal de réflexions personnelles. Connaissez-vous des couples multinationaux ? À votre avis est-ce que ces couples doivent faire face à plus d'obstacles que les couples de même culture ? Y a-t-il des préjugés contre les couples mixtes ? Est-ce que l'attitude envers les couples multinationaux change ?

_____

_____

_____

_____

_____

_____

L'adjectif indéfini

12-17 Les mariages internationaux. Choisissez l'adjectif indéfini qui convient. N'utilisez chaque option qu'une seule fois.

aucun	aucune		
autre	autre	autres	autres
certain	certaine	certains	certaines
		divers	diverses
		plusieurs	quelques
tout	toute	tous	toutes

1. _____ experts pensent que les mariages internationaux réussissent rarement.

2. La plupart des problèmes résultent de _____ différences culturelles.

3. Par exemple, dans _____ pays, les citoyens sont très économes, ...

4. ... mais dans de/d' _____ pays, les gens ont tendance à dépenser tout ce qu'ils gagnent.

5. Cependant, si _____ couples internationaux se séparent,

6. ... cela ne veut pas dire que _____ les mariages sont voués à l'échec,

7. car _____ mariage n'est sans problèmes.

12-18 Complétez les phrases en choisissant **toutes** les options qui conviennent.

1. Georges a visité ... pays européens.

   a. chaque   b. différents   c. plusieurs   d. quelques

2. Il a trouvé ... pays plus intéressants que d'autres.

   a. certains   b. quelques   c. tous   d. aucun

3. Georges a apprécié ... aspects des pays qu'il a visités.

   a. plusieurs   b. tous les   c. divers   d. différents

4. Georges adore voyager, mais bizarrement il n'a ... envie d'aller à Tahiti.

   a. toute   b. quelque   c. nulle   d. aucune

12-19 La constitution européenne en danger. Remplacez les traits par l'adjectif indéfini de la liste qui convient. Utilisez chaque terme une seule fois et faites tous les changements nécessaires.

aucun	autre	certain	chaque	différent	divers
même	nul	plusieurs	quelques	tout	

Bien que l'Union européenne existe depuis plus de cinquante ans, elle n'est pas sans controverses.

Par exemple, (1) _____ les pays membres ont eu la possibilité de voter

la ratification de la constitution, mais la France et les Pays-Bas ont voté « Non » en 2005. Maintenant,

(2) _____ pays doit participer à la création d'une nouvelle constitution.

(3) _____ options sont possibles. Pourquoi la France et les Pays-Bas ont-ils

voté contre la constitution ? Il y a (4) _____ raisons pour ce vote négatif.

(5) _____ citoyens pensaient qu'il n'y aurait plus de différences culturelles si

les pays s'unissaient. D' (6) _____ citoyens pensaient que l'économie de leur

pays souffrirait. (7) _____ raisons ont de la validité, mais d'autres n'existaient

que dans l'imagination des gens. Les controverses montrent qu'il est difficile d'unir les gens qui ne

partagent pas la (8) _____ culture. Parfois, les différences sont minimes, mais

(9) _____ différence n'est sans importance. Néanmoins, avec du travail et de la

bonne volonté, et après avoir résolu (10) _____ difficultés, les pays membres

arriveront à un accord pour une nouvelle constitution.

Le pronom indéfini

12-20 Christine et Juan Carlos se marient. Remplacez les traits par le pronom indéfini de la liste qui convient. N'oubliez pas de mettre les termes au pluriel ou au féminin, lorsqu'il le faut.

aucun	certains	chacun	l'autre	nul
plusieurs	quelque chose	quelqu'un	quelques-uns	quelque part
tout				

Christine, une jeune Française, et Juan Carlos, un jeune Espagnol, veulent se marier. Néanmoins,

(1) _____ de leurs amis les mettent en garde contre les mariages binationaux

qui peuvent être difficiles. (2) _____ disent qu'on ne peut jamais oublier les

différences culturelles, même si les deux personnes sont européennes et partagent la même religion.

D' (3) _____ prétendent que ces mariages binationaux posent des problèmes pour

les enfants. Christine et Juan Carlos ont écouté les idées de (4) _____

de leurs amis, mais finalement, ils ont décidé qu'ils s'aimaient assez pour résoudre toutes ces difficultés.

(5) _____ ne leur semblait sans solution. D'abord, Juan Carlos

avait étudié en France, donc il connaissait bien la culture française. Christine avait travaillé

(6) _____ en Espagne et, pour sa part, connaissait la culture espagnole.

Quant aux enfants, elle avait lu (7) _____ sur les bénéfices du bilinguisme

pour les jeunes. Alors, (8) _____ ce qu'on peut dire de négatif sur les mariages

binationaux, est contrebalancé par des avantages. En fait, (9) _____ des avantages

sont plus importants que les désavantages. Donc, (10) _____ peut avoir une

opinion, mais en fin de compte, c'est le couple qui doit décider.

12-21 Claire va voyager en Europe. Associez la réponse correcte à la question posée.

_____ 1. Claire, vas-tu voyager avec quelqu'un ?

_____ 2. Pourquoi ? Tous tes amis détestent-ils voyager ?

_____ 3. Vas-tu visiter les pays de l'Europe de l'Est ?

_____ 4. Préfères-tu voir les pays nordiques ?

_____ 5. As-tu des amis europhiles ?

_____ 6. Et les autres, comment voient-ils l'Europe ?

_____ 7. Pourquoi tes amis défendent-ils l'UE ?

_____ 8. Tes amis parlent-ils plusieurs langues ?

a. Tous ont envie de voyager et de travailler ailleurs.

b. Oui. Je vais passer quelques jours en Suède.

c. Chacun d'entre eux a appris une autre langue.

d. Oui. Plusieurs souhaitent même une fédération.

e. Non, avec personne.

f. Non, aucun n'a d'argent.

g. J'en visiterai certains.

h. Les autres voient l'Union comme une chance.

Adjectif et pronom indéfini

12-22 Nolwenn voit l'Europe de façon positive ; Keith de façon négative. Complétez ce que dit Keith en utilisant un pronom ou un adjectif indéfini.

MODÈLE :   Vous entendez :   Tous mes amis protègent l'environnement.

                Vous écrivez :   *Aucun de mes amis* ne protège l'environnement.

1. _____ n'est en faveur de l'Europe.

2. Ma meilleure amie _____ veut étudier _____ en Europe.

3. _____ n'est bilingue.

4. Je _____ ai _____ affinité avec les jeunes Européens.

5. L'Union _____ veut _____ faire pour l'environnement.

6. _____ pays _____ veut une plus grande coopération.

7. _____ empêchera une plus grande intégration.

8. _____ membre _____ souhaite un élargissement de l'Union.

12-23A L'Auberge espagnole. Sélectionnez l'indéfini qui convient.

Xavier a vingt-cinq ans et vient de finir ses études en économie. Pour devenir complètement bilingue, il décide de passer un an à Barcelone. Il trouve un appartement occupé par (1) [d'autres, certains] étudiants venus en Espagne pour se perfectionner en espagnol. (2) [Chacun, Chaque] vient d'un pays différent mais (3) [aucun, chacun] ne vient des USA. Là, Xavier va découvrir (4) [tout, toutes] sortes de choses sur lui et sur (5) [chacun, les autres]. Au début, les échanges sont difficiles même si, sans exception, (6) [quelques, tous les] colocataires parlent un peu espagnol et si (7) [plusieurs, tous] parlent anglais comme des anglophones. Finalement, (8) [toutes, tous] deviennent amis et la cohabitation marche. À la fin du séjour, (9) [chaque, tout] étudiant rentre chez lui mais (10) [chacun, nul] ne regrette son année à Barcelone. Xavier, lui, entreprend d'écrire un livre sur ses (11) [certaines, diverses] aventures et ses (12) [autres, quelques] amours.

12-23B L'Auberge espagnole. Relisez le texte précédent. Dites si ces déclarations sont vraies ou fausses.

1. Xavier a vingt-trois ans.

   a. vrai   b. faux

2. Xavier a fait des études d'économie.

   a. vrai   b. faux

3. Il part à Madrid pour apprendre l'espagnol.

   a. vrai   b. faux

4. Il partage un appartement avec des étudiants européens.

   a. vrai   b. faux

5. L'expérience lui permet de se connaître mieux.

   a. vrai   b. faux

6. Dès le début, les échanges sont aisés.

   a. vrai   b. faux

7. Certains locataires ne parlent pas un mot d'espagnol.

   a. vrai   b. faux

8. Plusieurs parlent anglais couramment.

   a. vrai   b. faux

9. La cohabitation ne fonctionne pas très bien.

a. vrai   b. faux

10. Personne ne regrette son séjour à Barcelone.

a. vrai   b. faux

11. Quelques colocataires décident de rester en Espagne.

a. vrai   b. faux

12. Xavier devient écrivain.

a. vrai   b. faux

Prépositions

12-24 Pays d'Europe[1]. Choisissez l'article qui convient et la préposition qui convient.

le	la	l'	les	en	au	aux

	l'article	la préposition
1. Allemagne	_____	_____
2. Autriche	_____	_____
3. Belgique	_____	_____
4. Bulgarie	_____	_____
5. Croatie	_____	_____
6. Danemark	_____	_____
7. Espagne	_____	_____
8. Estonie	_____	_____
9. Finlande	_____	_____
10. France	_____	_____
11. Grèce	_____	_____
12. Hongrie	_____	_____
13. Irlande	_____	_____

[1] Chypre et Malte font partie de l'Union mais on n'utilise pas d'article avec ces îles.

	l'article	la préposition
14. Italie	_____	_____
15. Lettonie	_____	_____
16. Lituanie	_____	_____
17. Luxembourg	_____	_____
18. Pays-Bas	_____	_____
19. Pologne	_____	_____
20. Portugal	_____	_____
21. République tchèque	_____	_____
22. Roumanie	_____	_____
23. Royaume-Uni	_____	_____
24. Slovaquie	_____	_____
25. Slovénie	_____	_____
26. Suède	_____	_____

12-25 Choisissez la préposition qui convient.

Ma mère est née (1) [au, en] Hongrie, et depuis ma plus jeune enfance je rêve de voir ce pays. J'ai finalement

fait assez d'économies pour passer des vacances en Europe et la Hongrie est le premier pays que je vais visiter.

D'abord, je me rends (2) [à, en] avion à Budapest. Je vais passer (3) [vers, environ] deux semaines dans cette

magnifique capitale. Ensuite, je vais aller (4) [à la, en] Autriche (5) [à, en] train. Je passerai cinq jours

(6) [dans, à] Vienne et ensuite j'irai (7) [à, en] voiture (8) [jusqu'à, à partir d'] Innsbruck où je ferai des

randonnées (9) [à, en] pied dans la montagne. Finalement, je prendrai le train pour Munich d'où je rentrerai

(10) [aux, en] États-Unis.

12-26 Corinne aime voyager. Regardez les images. Complétez chaque phrase avec
a) la préposition et b) le moyen de transport qui correspondent à l'image.

Prépositions :	à	chez	de	en	dans
Moyens de transport :	taxi	bicyclette	métro	voiture	
	cheval	pied	avion	bateau	

1.

Pour me déplacer en ville, je préfère aller 1a) _____ 1b) _____ .

2.

Quand je suis en vacances, je préfère voyager 2a) _____ 2b) _____.

3.

Pour faire du shopping, je préfère aller 3a) _____ 3b) _____.

12-27 Jean-Pierre s'intéresse à la politique. Remplacez les traits par la préposition **à, de** ou **en,** selon le cas. Ajoutez l'article défini, si nécessaire.

Jean-Pierre s'intéresse à la politique et voudrait étudier l'histoire de l'Union européenne. Alors, il a décidé

d'aller (1) _____ Strasbourg pour visiter la ville où se réunissent les pays membres.

Il a pris le train (2) _____ Paris pour y aller. Jean-Pierre a eu la chance d'interviewer

quelques gens importants. Après avoir visité Strasbourg, situé près de la frontière entre la France et l'Allemagne,

Jean-Pierre a décidé d'aller (3) _____ Allemagne parce qu'il ne connaissait pas bien

ce pays. Il avait visité d'autres pays européens. L'été passé, il était allé (4) _____

Italie. Il a beaucoup appris sur l'art et l'architecture de la Renaissance. Jean-Pierre a aussi vécu pendant

quelques mois (5) _____ Portugal. Il a trouvé la vie là-bas très tranquille et

agréable. Après deux semaines de tourisme, Jean-Pierre est parti (6) _____

Allemagne pour rentrer (7) _____ France. Un de ces jours, il voudrait visiter

d'autres pays qui ne sont pas européens. Par exemple, il voudrait aller (8) _____

Israël pour travailler dans un kibboutz. Comme la culture égyptienne le fascine, Jean-Pierre voudrait

aussi aller (9) _____ Caire (10) _____ Égypte.

Comme il a un oncle qui vit (11) _____ États-Unis, il serait facile de

visiter ce pays. Et (12) _____ États-Unis, il pourrait plus facilement aller

(13) _____ Amérique du Sud. Puisqu'il parle portugais, il pourrait

même peut-être trouver du travail (14) _____ Rio de Janeiro

(15) _____ Brésil.

12-28 Christine et Juan Carlos décident de vivre en Espagne. Remplacez les traits par la préposition de la liste qui convient.

à	à côté de	au	au milieu de	chez
en	jusqu'à	loin de	parmi	près de

Après s'être mariés, Christine et Juan Carlos ont dû prendre une décision difficile : où ils allaient

vivre. Ils ont décidé de vivre en Espagne dans une petite ville juste (1) _____

Barcelone. Christine aurait préféré vivre (2) _____ ses parents, à Saint-Malo,

mais Juan Carlos avait trouvé un très bon poste à Barcelone, qui est évidemment très

(3) _____ Saint-Malo. Donc, ils n'avaient pas vraiment le choix.

Néanmoins, Barcelone a quelques avantages. Les parents de Juan Carlos vivent à Majorque, alors

le couple peut leur rendre visiter souvent et rester (4) _____ eux.

Le voyage (5) _____ avion, assez rapide, ne coûte pas cher, et les parents

de Juan Carlos sont toujours heureux de les recevoir. À Majorque, Juan Carlos et Christine

peuvent se reposer (6) _____ soleil ou faire des promenades

(7) _____ cheval sur la plage. Ils apprécient de passer souvent du temps

(8) _____ des gens qui les aiment. Néanmoins, il ne faut pas que le

couple oublie les parents de Christine. De Barcelone, ils peuvent aller à Saint-Malo soit

(9) _____ train soit (10) _____ voiture.

Il ne fait pas aussi beau à Saint-Malo qu'à Barcelone et qu'à Majorque, mais il y des choses à faire.

Ils aiment bien faire des promenades (11) _____ bicyclette ou faire de la pêche (12) _____ bateau. Ils aiment aussi visiter la Bretagne et la Normandie

et parfois aller (13) _____ Mont-Saint-Michel, qui n'est pas très

(14) _____ Saint-Malo. Le vieux monastère du Mont-Saint-Michel est très

impressionnant, surtout à marée haute quand il se trouve (15) _____ l'océan.

12-29 Faits européens. Sélectionnez la réponse qui convient.

_____ 1. Où est l'Alsace ?   a. 13 pays ont la même monnaie.

_____ 2. Combien de pays de l'UE utilisent le français ?   b. vers 22h

_____ 3. Combien de pays utilisent l'euro ?   c. après la Deuxième Guerre Mondiale

_____ 4. Quand le Royaume-Uni a-t-il adhéré à l'Union ?   d. aux Pays-Bas

_____ 5. Quand l'Union est-elle passée à 12 membres ?   e. environ un demi-milliard

_____ 6. Quand l'idée d'une Communauté est-elle apparue ?   f. entre 1957 et 1986

_____ 7. Combien de gens vivent dans l'UE ?   g. elle se trouve près de l'Allemagne

_____ 8. À quelle heure dînent les Espagnols ?   h. jusqu'en 1990

_____ 9. Jusqu'à quand deux Allemagne ont-elles existé ?   i. en 1973

_____ 10. Où est Amsterdam ?   j. outre la France, la Belgique et le Luxembourg

12-30 Isabelle et l'Europe. Écoutez le passage et ensuite répondez aux questions en choisissant **toutes**
les options correctes.

1.

    a. la possibilité d'étudier dans d'autres pays

    b. la possibilité de faire la connaissance d'autres gens

    c. la possibilité d'avoir un meilleur avenir

    d. la possibilité de voyager vers d'autres continents

2.

    a. modernité

    b. archaïsme

    c. diversité

    d. idéalisme

3.

    a. plus d'attention au chômage

    b. la ratification d'une constitution

    c. un plus grand rôle international

    d. moins d'impôts

4.

    a. la sauvegarde des espèces animales

    b. le développement de la technologie

    c. la démocratie

    d. le respect des droits de l'homme

12-31 Dictée. Comment Isabelle voit l'Europe. Vous allez écouter ce récit en entier. Puis chaque phrase sera relue et vous la retranscrirez. Ensuite, le texte sera relu en entier une dernière fois.

_____

_____

_____

_____

_____

_____

_____

_____

12-32 Mots croisés. Complétez avec les mots qui conviennent.

Horizontalement

1. approximation quantitative
7. dans la maison de
8. en plus de
9. synonyme de *différents*
12. synonyme de *quelques-uns*
13. féminin de *tous*
14. antonyme de guerre
15. compétition

Verticalement

1. au milieu de
2. se répandre, influencer
3. parti politique français
4. préposition, en direction de
5. métal dur industriel
6. à une grande distance
10. synonyme de *plusieurs*
11. expansion économique